못생긴
나무가
산을
지킨다

못생긴 나무가 산을 지킨다 두번째

고도원 엮음

초판 1쇄 발행 · 1998. 5. 3.
개정 1쇄 발행 · 2003. 12. 20.
개정 5쇄 발행 · 2006. 5. 22.

발행처 · 청아출판사
발행인 · 이상용 이성훈

등록번호 · 제 9-84호
등록일자 · 1979. 11. 13.

경기도 파주시 교하읍 문발리 출판문화정보산업단지 507-7 우편번호 413-756
대표 031-955-6031 편집부 031-955-6032 팩시밀리 031-955-6036

Copyright ⓒ 1998 by 고도원
저자의 허락 없이 내용의 일부를 인용하거나 발췌하는 것을 금합니다.

＊값은 뒤표지에 있습니다.   ＊잘못된 책은 바꾸어 드립니다.

ISBN 89-368-0531-2 03890

독자 의견에 항상 귀 기울이고 있습니다.
홈페이지 : www.chungabook.co.kr
E-mail : chunga@chungabook.co.kr

못생긴 나무가 산을 지킨다

두번째

고도원 엮음

청아출판사

영원히 변하지 않는 좋은 친구

1998년 6월 17일 아침, 나는 1년 6개월 동안 출연해 왔던 SBS 〈이숙영의 파워 FM〉의 '조간 브리핑' 마지막 방송을 했다. 고별 방송이 끝나자 놀라운 일이 벌어졌다. 팩스와 편지가 방송국에 쏟아져 들어온 것이다. 나중에 전해 듣기로는 7백 통이 넘는 분량이었다고 한다. 방송을 진행하던 이숙영 씨의 말에 따르던 방송국 팩스가 마비 상태였고, SBS의 한 고위 간부는 '고정 MC도 아닌, 한 게스트가 방송을 중단하고 벌어진 일로는 전무후무한 일'이라고 했다.

이들의 언사(言辭)가 나로서는 좀 과분한 바가 없지 않았지만 어쨌든 나는 이날, 그처럼 아쉽고도 화려하게 신문기자와 방송생활을 일시 마감하고 대통령 비서실 근무를 시작했다('일시'라고 한 것은 언제인가 되돌아갈 곳이란 생각이 들었기 때문이다).

　1998년 6월 19일. 〈동아일보〉 문화면에 《못생긴 나무가 산을 지킨다》가 베스트셀러 5위로 보도되었다. 책이 제법 팔려 베스트셀러 순위의 맨 꼬래비인 20위에 오르더니 2개월 남짓만에 급기야 5위로까지 치솟았던 것이다. 나는 아직도 이날의 벅찬 감정을 생생히 기억하고 있다. 그래서 지금도 이날치 〈동아일보〉 기사를 '보물'처럼 간직하고 있다. 그러나 얼마 후 《못생긴 나무가 산을 지킨다》는 아쉽게도 베스트셀러 순위에서 사라졌다. 아마도 '고도원 기자의 오늘의 어록'을 더는 듣지 못하게 되었기 때문이 아닌가 여겨지지만, 그럼에도 불구하고 《못생긴 나무가 산을 지킨다》는 반짝하는 베스트셀러가 아닌 꾸준히 팔리는 스테디셀러로 자리잡아 독자들의 사랑을 듬뿍 받는 책 중의 하나가 되었다.

　그럴수록 나에게는 마음에 걸리는 게 있었다. 방송 출연 당시 청취자들과 한 약속이었다. 나는 방송을 마치기 한 달 전쯤부터 드문드문 청취자들이 보내온 '밑줄을 그어놓은 좋은 글'을 소개한 적이 있다. 그러면서 '밑줄 친

좋은 글들을 보내주면 방송에서 소개하고 책으로 엮어서 선물로 드리겠다'고 약속했다. 기자에서 대통령 비서진으로 다시 방송인으로 일은 바뀌었지만 많은 청취자들에게 한 약속을 지켜야 한다는 생각이 늘 나를 누르고 있었으나 시간을 내기가 쉽지 않았다.

그런 가운데 청아출판사의 '압력'이 날로 거세지기 시작했다. 그래서 청취자들이 보내온 어록들과 《못생긴 나무가 산을 지킨다》 첫 권을 낼 때 다 싣지 못하고 정리해 두었던 것들과, 메모는 해두었으나 갑작스런 방송 중단으로 미처 방송에 띄우지 못한 것들을 모아 다시 한 권의 책으로 묶었다.

《못생긴 나무가 산을 지킨다》는 나에게 많은 새로운 만남을 가져다 주었다. 청와대 출퇴근 길에서, 전혀 뜻밖의 장소와 우연한 자리에서, 나를, 아니 《못생긴 나무가 산을 지킨다》를 기억하는 사람들을 만날 수 있었다. 그들을 만날 때마다 나는 한없는 보람과 고마움을 함께 느꼈다. 그리고 이 분들에게 무언가 보답을 해야겠다고 생각을 하게 되었다. 그 보답의 마음이 밤잠을 줄여가며 두 번째 책을 엮게 한 큰 지렛대였다고도 할 수 있다.

사람은 누구나 자기곁에 있어 줄 누군가가 필요하다. 비가 오나 눈이 오나 기쁘거나 슬프거나 한결같이, 끝까지, '내 편'이 되어 주는 존재가 필요하다. 깨지고 아픈 육체, 찢어지거나 미어지는 마음, 사랑과 이별이 주는 상처와 고통에서도 항상 곁에 있어 줄 누군가가 있는 한 다시 일어설 수 있다. 사랑도 희망도 되찾을 수 있다.

그리고 곁에 있는 존재가 누구냐에 따라, 혹은 누가 곁에 있어 주느냐에 따라 인생이 애인이나 친구, 남편이나 아내일 수도 있고, 스승이거나 직장 동료일 수 있다. 더러는 짧은 여행길에 우연히 만난 사람일 수도 있다.

내 곁에 있어 줄 존재에는 책도 포함된다. 어떤 인연으로든 내 손에 들게 된 좋은 책 한 권은 언제든 내 곁에 존재하면서 영원히 변하지 않는 좋은 친구가 된다. 인생을 변화시키고, 따뜻하고 행복하게 해주는 귀한 존재가 된다. 혹여 이 책이 당신 곁에 늘 따뜻하게 있어 주는 좋은 친구가 된다면 그보다 더 큰 기쁨과 보람이 있겠는가. SBS 〈이숙영의 파워 FM〉 제작진과 청아출판사, 그리고

독자들께 깊은 감사의 마음을 전해 드린다.

《못생긴 나무가 산을 지킨다》의 여운을 함께 한 지 어언 5년이란 시간이 지났다. 이 작은 책이 손에, 책꽂이에, 가방에 그리고 때로는 손에서 손으로 전해졌다고 생각하면 부끄럽기도 하고 뿌듯하기도 하다. 그 동안 이 책을 만난 많은 독자들에게, 그리고 앞으로 만날 많은 독자들에게 한 번 더 정성스럽게 책을 다듬어 펴낼 생각을 감히 하게 되었다. 아무쪼록 이 책으로 더욱 더 가슴에 품고 담을 말을 소중히 하는 계기가 되었으면 한다.

2003년 12월
고 도 원

차례

미안해
마음을 넓히고 깊게 해주는 말

칭찬으로 크는 나무 22
한 그루 나무에서 배우는 것 24
심법상편(心法商篇) 26
조금씩만 더 긍정적으로 생각하자 28
행운과 불운 30
나이가 들면서 지혜를 얻는다 32
사랑법 첫째 34
사랑하는 아이들에게 36
훌륭한 심미안을 가진 사람 38
내 인생에 골인 테이프는 없다 40
사과나무와 떡갈나무는 다르다 42
사랑아, 나는 통곡한다 44
싸울 힘이 남아 있다는 것은 46
몸무게를 달아 주는 남자 48
세상에서 가장 강한 것 50
어머니의 시작(詩作) 노트 52

고마워
겸손한 인격의 탑을 쌓는 말

지금의 나를 있게 한 시절들 56
만족하지 못하는 사람 58
'창밖의 여자'도 나이 다라 다르게 부른다 60
대처가 외할머니한테 귀에 못이 박히도록 들었던 말 62
천 년의 바람 64
神을 알게 되는 비법 66
지혜로운 사람과 어진 사람 68
부지런함이 보배 70
뱃사공에게 맡겨야 강을 건넌다 72
가장 절망적일 때 74
굽히되 굴종하지 않는다 76
내 영혼의 버팀대 78
나쁜 습관 여섯 가지 80
사는 그대로 받아들여라 82
망국적인 한국병 '섭섭증' 84

사랑해
날마다 새롭고 감미로운 말

돕는다는 것은 함께 비를 맞는 것 88
잊을 수 없는 인격 90
청춘 92
어째서 자살을 하지 않습니까? 94
삼가야 할 세 가지 96
8월의 크리스마스 98
목표와 사랑과 꿈 100
친구의 행복한 미소 102
하고 싶은 대로 해라 104
믿음직한 마부 106
비뚤어진 모성애가 자식을 망친다 108
내가 배부르면 남들도 배부를까? 110
신입사원에게 가장 좋은 상사 112

잘했어
사람을 사람답게 자리잡아 주는 말

바다 116
가짜의 3대 특징 118
명성은 마약과 같다 120
장애물을 넘는 비결 122
보고 싶다 보고 싶다 124
죽을 힘을 다해 살라 126
아프로디테의 음식 128
나쁜 비누 130
마지막 한 방 132
완벽주의자 134
사랑의 기본 136
황당무계한 법 138
입술찬가 140
행복한 패배자 142
사나이의 삶 144

내가 잘못했어
화해와 평화를 이루는 말

삶이 가장 충만할 때 148
사랑은 한 계단씩 오르는 탑 150
열여섯 살의 고통 152
사람을 판단하는 기준 154
물고기는 잠잘 때도 눈을 뜬다 156
아름다운 청년 전태일 158
좋은 느낌들 160
흐르는 강물과 흐르지 않는 강물 162
내가 가진 모든 것 164
여자가 화를 낼 때 166
침묵하고 혼자가 되어라 168
발바닥 가운데가 오목한 이유 170
길은 많다, 그러나 자기 길은 하나다 172
마이너스를 플러스로 바꾸는 힘 174
남부러워 안하는 연습 176
사람을 바꾸는 비법 188

우리는
모든 것 덮어 하나되게 해주는 말

사랑을 일부러 만들지 말라 182
가짜의 종류 184
다른 사람과 사귀기 위한 필수조건 186
죽음이란 188
'레모라' 라는 이름의 고래 190
즐거운 상처 192
나폴레옹의 인생철학 194
지조 없는 지도자 196
자유로운 사람 198
스님이 잠깐 자리를 비운 뜻은 200
생활의 규칙 202
한 웃음이 다른 웃음에게 204
만남 206
2등이면 어때 208
다음부턴 잘해 210
잠자는 뇌세포를 깨우려면 212

친구여
세상에서 가장 귀한 보배스런 말

향기와 냄새 216
진흙 속의 진주처럼 218
별난 직업 220
당신의 가슴 222
행복의 삼위일체 224
항해의 방향을 결정하는 것 226
결코 위대해질 수 없는 사람 228
부부간에도 대화의 기술이 필요 230
지혜와 빛 232
후쿠자와 유키치의 7훈 234
감아야 뜨이는 눈 236
사랑의 고통 238
희망 240
방황으로부터 배운 것 242
눈물로 눈을 씻어내면 244

네 생각은 어때
봄비처럼 사람을 쑥쑥 키워주는 말

마음의 자물쇠를 여는 법 248
올바른 사랑법 250
인간의 이중성 252
함께 울고 있어요 254
러셀은 왜 그토록 사랑을 찾아 헤매었나 256
살아간다는 것 258
누구나 스승 260
어느 쪽을 보느냐 262
백합 같은 만남 264
사랑론 266
스스로 살아가는 것 268
절제와 금기의 차이 270
좌절을 경험한 사람 272
17년 동안 저능아로 살았던 천재 274
사랑에 취하다 276
기분대로 사는 게 아니오! 278
진정한 창의력 280
삶의 봄 282

첫 마음으로 살아가자
언제이든 온 날들을 새로워지게 하는 말

어른다운 어른 286
사랑의 노래 288
망하게 만드는 세 가지 유혹 290
물처럼 낮은 곳을 향하여 292
덕을 갖춘 사람은 외롭지 않다 294
진정한 쉴 곳 296
아름다운 죽음을 위하여 298
죄의 근원 300
자기의 마음속 302
우연과 필연 304
삶에 대한 태도 306
늙어가는 아내에게 308
특별한 사람, 특별한 관계 310
가끔은 시장기 같은 외로움이 필요하다 312
연애할 때와 결혼했을 때 314
공포는 왜 생기나 316
행운을 잡아라 318

마음을 넓히고
깊게 해주는 말
미안해

"미안해!"

이 말이 떨어지자마자

굳었던 친구의 얼굴에 미소가 피어올랐다

나도 따라 웃었다

내가 먼저 솔직하게 내 마음을 열자

친구도 마음을 열고 웃음으로 맞아주었다

우리는 무엇 때문에 싸웠는지 까맣게 잊은 채

서로의 웃는 모습을 마주보면서 다시 친구가 되었다

"미안해!"라고 말한 그날

내 마음과 우정이 한뼘쯤 자랐다

칭찬으로 크는 나무

캘커타의 친구들은 서로 헤어지며
그런 편지들을 많이 주고받았습니다.
서로가 서로에게 '너는 정말 대단한 사람이야!
어쩌면 그럴 수가 있니!'
하는 식의 편지를 쓰며 호들갑을 떠는 거죠.
저도 그런 편지를 많이 받았고, 많이 썼습니다.
모르는 사람들이 보면 코웃음을 칠는지도 모르겠습니다.
무슨 애들 같은 짓들이야! 하고 말입니다.
그렇습니다. 꼭 어린애들처럼 그렇게 합니다.
작은 일 하나에 금방 서로 감동하고, 그 감동을 이기지 못해
서로 편지를 쓰고, 서로 포옹을 하고, 서로 볼을 부빕니다.

- 조병준의 《제 친구들하고 인사하실래요?》 중에서 -

마음을 넓히고
깊게 해주는 말
미안해

조병준은 이어서 다음과 같이 물었다. "아이들은 칭찬으로 크는 나무라죠. 못한다고 야단치는 것보다는 잘한다고 쓰다듬어 주는 편이 훨씬 낫답니다. 어른이 되었다고 해서 달라져야 할 이유가 무엇일까요? 우리는 너무나 칭찬에 인색한 것이 아닐까요? 돈이 드는 것도 아니고, 몸에서 진이 빠지게 힘이 드는 것도 아닌데, 왜 이렇게 우리는 칭찬하는 일을 꺼려하며 살고 있을까요?"

한 그루 나무에서 배우는 것

알고 지내던 목수 한 분이 있었습니다.
언젠가 그 노인이 내게 무얼 설명하면서
땅바닥에 집을 그렸습니다.
그는 먼저 주춧돌을 그린 다음
기둥, 도리, 들보, 서까래, 지붕의 순으로 그렸습니다.
그가 집을 그리는 순서는 집을 짓는 순서였습니다.
일하는 사람의 그림이지요.
세상에 지붕부터 지을 수 있는 집은 없는 데도
늘 지붕부터 그려온 나의 무심함이 부끄러웠습니다.
나의 서가(書架)가 한꺼번에 무너지는 낭패감을 느꼈지요.
진정한 지식과 정보는
두 발로 우뚝 선 우리의 삶과 사랑,
봉사를 통해서만 얻을 수 있으며,
사람과의 관계 속에서 서서히 성장하는 것일 겁니다.
그것은 바깥에서 얻어 올 수 있는 것이 아니라

마음을 넓히고
깊게 해주는 말
미안해

우리의 삶 속에서 씨를 뿌리고 가꾸어야 하는
한 그루 나무와 같은 거겠지요.

- 신영복의 《나무야 나무야》 중에서 -

나는 이 글귀를 《작은 것이 아름답다》라는 2,000원짜리 잡지에서 보았다. 그리고 신영복 선생의 글에 대해 다시 한 번 생각하게 되었다. 내 가슴을 치는 충격이 작지 않았기 때문이다. 세상에 지붕부터 지을 수 있는 집은 없다. 주춧돌이 있고 기둥을 세워야 지붕을 얹을 수 있다. 모든 일에는 기초와 순서가 있다는 얘기다. 한 그루 나무도 마찬가지다. 씨를 뿌리고, 그것을 가꿔야 비로소 한 그루 나무로 자라난다. 무슨 일이든 주춧돌과 씨를 먼저 생각하고, 그 토대 위에서 기둥을 세우고 물을 뿌리는 노력을 기울여야 좋은 열매를 거둘 수 있다.

심법상편(心法商篇)

마음으로 달인 한 잔의 차(茶)를 마시어라.
처음부터 줄이 없는 거문고가 울리어라.
한 마리 풀벌레를 키우노니
이 풀벌레 울음소리에 맞추어
유정(有情)하게 떨어지는 별똥들이어라.
서(西)쪽에서 오는 발소리는 지나쳐 보내고
혼자서 맞이하는 공산(空山)의 명월(明月) 그대여,
내 안에 무너지는 이 산(山)의 움직임을 비추어라.

- 박제천 시집 《심법(心法)》 중에서 -

마음을 넓히고 깊게 해주는 말

미안해

가을날 2박 3일 정도의 배낭을 꾸리어 지리산쯤으로 훌쩍 떠날 때 마음에 함께 담고 갈 만한 상큼한 시(詩)다. 마음으로 달인 한 잔의 차를 마시면서, 빈 산[空山]의 밝은 달[明月]을 바라보노라면 내 마음의 모든 근심 걱정이 사라진다. 내 마음이 열리면 아무리 큰 산(山)도 나의 열린 그 마음에 담기는 것을 느끼게 된다.

조금씩만 더 긍정적으로 생각하자

그저 한 사람 한 사람이
좋은 생각을 다져가면 된다고 생각해요.
억지로 연결시키거나 퍼뜨릴 필요도 없어요.
그저 차곡차곡 그 마음이 쌓이면 되지요.
조금씩만 더 긍정적으로 생각하는 거예요.
긍정적인 마음을 품으면
말이 겸손해지고,
목소리가 부드러워지고,
그러면 그 사람의 이름에
좋은 열매를 맺을 수 있다고 생각합니다.

- 월간 《좋은 생각》 중에서 -

마음을 넓히고 깊게 해주는 말

미안해

세상은 '한 사람'이 중요하다. 그 '한 사람'이 어떤 생각을 품고 살아가느냐에 따라 세상의 모습이 만들어진다. '한 사람'의 '좋은 생각'이 모여 백 사람, 천 사람의 것이 될 때 세상은 밝아지고 아름다워진다. '좋은 생각'을 갖는 요령은 간단하다. 조금씩만 더 긍정적으로 생각하는 것이다. 그러면 말이 겸손해지고, 목소리가 부드러워지는 것은 그 다음에 저절로 뒤따라 오게 된다.

행운과 불운

경찰에 쫓기던 범인이 강가에 이르러
막 떠나려는 나룻배를 탔다.
뒤쫓던 경찰이 강가에 도착해 멈추라고 소리쳤으나 이 나룻배의
사공은 귀머거리여서 이를 듣지 못하고 계속 노를 저어갔다.
범인은 귀머거리가 젓는 배를 탄 것이
참으로 행운이라고 좋아했다.
배가 강을 거의 다 건너갔을 무렵, 맞은편 강가를 보니 거기에도
이미 경찰이 와서 기다리고 있었다.
범인은 사공을 붙잡고, 자기가 죽게 되었으니 빨리 뱃머리를
돌려 강 상류로 올라가자고 소리쳤으나 전혀 알아듣지 못했다.
범인은 귀머거리가 젓는 배를 탄 것이
참으로 불운이라고 가슴을 쳤다.

- 황헌식의 《생각나무에 열린 우화》 중에서 -

마음을 넓히고
깊게 해주는 말

미안해

행운과 불운은 한 사실의 두 얼굴이다. 그것이 자기에게 유리하면 행운이라 하고 불리하면 불운이라 한다. 그러나 '사실'은 특정인에게 우호적이지도, 비우호적이지도 않다. '사실'은 오직 사실로 있을 뿐이다.

나이가 들면서 지혜를 얻는다

내가 젊고 자유로워서 상상력의 한계가 없을 때
나는 세상을 변화시키겠다는 꿈을 가졌었다.
그러나 좀더 나이가 들고 지혜를 얻었을 때
나는 세상이 변하지 않으리라는 것을 알았다.
그래서 내 시야를 약간 좁혀
내가 살고 있는 나라를 변화시키겠다고 결심했다.
그러나 그것 역시 불가능한 일이었다.
황혼의 나이가 되었을 때 나는 마지막 시도로
나와 가장 가까운 내 가족을 변화시키겠다고 마음을 정했다.
그러나 아아, 아무것도 달라지지 않았다.
이제 죽음을 맞이하기 위해 자리에 누운 나는 문득 깨닫는다.
만약 내가 내 자신을 먼저 변화시켰더라면,
그것을 보고 가족이 변화되었을 것을,
또한 그것에 용기를 내어
내 나라를 더 좋은 곳으로 바꿀 수도 있었을 것을,

마음을 넓히고
깊게 해주는 말
미안해

그리고 누가 아는가? 세상까지도 변화되었을는지….

- 월간 《건강 단》 중에서 -

이 세상의 모든 변화는 '나'로부터 시작된다. 평생을 노력하였으나, 내가 변화하지 않으면 아무것도 이루어지지 않는다. 간혹 세상이, 사람들이 답답하고 변화하지 않을 때, 내 속을 가만히 들여다보면 너무도 완강히 버티고 있는 나를 발견하게 된다.

사랑법 첫째

그대 향한 내 기대 높으면 높을수록
그 기대보다 더 큰 돌멩이 매달아 놓습니다.
부질없이 내 기대 높이가 그대보다 높아서는 안 되겠기에
내 기대 높이가 자라는 쪽으로
커다란 돌멩이 매달아 놓습니다.
그대를 기대와 바꾸지 않기 위해서
기대 따라 행여 그대 잃지 않기 위해서
내 외롬 짓무르는 밤일수록
제 설움 넘치는 밤일수록
크고 무거운 돌덩이 하나
가슴 한복판에 매달아 놓습니다.

- 고정희의 《이 시대의 아벨》 중에서 -

마음을 넓히고
깊게 해주는 말
미안해

사랑은 상대방에게 기대하기보다는 상대방을 먼저 생각하는 아련한 마음이 앞서야 한다는 것을 보여주는 시다. 사랑을 표현하는 것도 아름답지만, 절제된 사랑의 아름다움도 못지 않다. 지리산에서 생을 마친 고정희 시인의 절창(絶唱)이 이 시를 통해 되살아난 느낌이었다고나 할까.

사랑하는 아이들에게

생각할 시간을 가지라.
기도할 시간을 가지라.
웃는 시간을 가지라.

그것은 힘의 원천이다.
그것은 세상에서 가장 큰 힘이다.
그것은 영혼의 음악이다.

놀 시간을 가지라.
사랑하고 사랑받는 시간을 가지라.
남에게 주는 시간을 가지라.

그것은 영원한 젊음의 비밀이다.
그것은 하느님께서 주신 특권이다.
이기적이 되기에는 하루가 너무 짧다.

마음을 넓히고
깊게 해주는 말
미안해

독서할 시간을 가지라.
다정하게 될 시간을 가지라.
일할 시간을 가지라.

그것은 지혜의 원천이다.
그것은 행복에 이르는 길이다.
그것은 성공의 대가다.

자선할 시간을 가지라.
그것은 하느님 나라에 이르는 길이다.

- 루신다 바디의 《사랑의 등불 마더 데레사》 중에서 -

캘커타의 어린이집에 붙어 있는 표지판에 새겨진 글이라고 한다. 아이를 '큰 아이'로 자라게 하는 글귀이다. 아이들에 앞서 내가 먼저 읽어야 할 글이라는 생각도 했다.

훌륭한 심미안을 가진 사람

어떤 것에서 곧바로 좋은 점을 찾아낼 수 있다는 것은
그만큼 뛰어난 심미안을 지니고 있다는 표시이다.
세상에는 좋은 점만을 찾으려는 사람도 있고,
나쁜 점만을 찾으려는 사람도 있다.
좋은 점이 하나도 없는 사람은 드물 것이다.
수많은 단점들 중에서 우연히 찾아내게 된 단 하나의 장점에
온 신경을 기울이는 사람들이야말로
진실로 훌륭한 심미안을 가진 사람들이다.

- 존 패로우의 《문둥이 성자 다미안》 중에서 -

> 마음을 넓히고
> 깊게 해주는 말
>
> 미안해

다른 사람의 좋은 점을 발견해내는 눈이 가장 좋은 눈이다. 그런 눈을 가지면 남을 즐겁게도 해주지만 자기 자신을 행복하게 만든다. 잘못된 것을 찾아내 비판하는 것도 중요하다. 그를 통해 개인과 사회가 개선되고 발전할 수 있기 때문이다. 그러나 그에 앞서 좋은 것을 먼저 찾아내는 일, 좋은 것을 찾기 위해 심혈을 기울이는 노력, 이것은 더 중요하고 값진 것이다.

내 인생에 골인 테이프는 없다

난 지금도 뛰고 있다.
3차, 4차의 마라톤을 항상 계획한다.
그것이 마라톤의 모습으로 나타나기도 하고,
또 다른 모습으로 나타나기도 할 것이다.
그리고 나의 삶의 내용과 그러한 선택에
후회 따위는 전혀 없다.
단지 내용의 작은 차이일 뿐이다.
내가 버리지 않는 하나의 내용은
새로운 시도, 그것뿐이다.
그러므로 나의 레이스에 골인 테이프는 없다.
내 앞에 골인 테이프를 강요하는 것이
나의 가장 큰 적이다.
"내 앞의 골인 테이프를 걷어치워라!"

- 주병진의 《건방을 밑천으로 쏘주를 자산으로》 중에서 -

마음을 넓히고
깊게 해주는 말
미안해

개그맨 주병진이 사업가 주병진으로 거듭난 히스토리가 담겨 있는 책이다. 가난했던 어린 시절에도 그의 집안엔 늘 웃음이 있었다고 한다. 콩나물 200원어치를 사면서도 그는 항상 미래에 성공한 자신의 모습을 그려보며 위안을 삼았다고 한다. 이를테면 만원 버스에 오르면서도 장차 갖게 될 멋진 승용차를 생각해 보고, 사글세집에 기거하면서도 커다란 저택을 그려보고, 하다못해 큰 재털이까지를 생각하며 장래 성공한 자신의 모습을 그려보았다고 한다. 이 책을 읽은 뒤로 나는 주병진 씨를 볼 때마다 '항상 뛰고 있는 사람'이란 이미지를 갖게 되었다.

사과나무와 떡갈나무는 다르다

왜 우리는 성공하려고 그처럼 필사적으로 서두르며,
그처럼 무모하게 일을 추진하는 것일까?
어떤 사람이 자기의 또래들과 보조를 맞추지 않는다면,
그것은 아마 그가 그들과는 다른
고수의 목소리를 듣고 있기 때문일 것이다.
그 사람으로 하여금
자신이 듣는 음악에 맞추어 걸어가도록 내버려두라.
그 북소리의 음률이 어떻든,
또 그 소리가 얼마나 먼 곳에서 들리든 말이다.
그가 꼭 사과나무나 떡갈나무와 같은 속도로
성숙해야 한다는 법칙은 없다.
그가 남과 보조를 맞추기 위해
자신의 봄을 여름으로 바꾸어야 한단 말인가….

- 헨리 데이비드 소로우의 《소로우의 일기》 중에서 -

마음을 넓히고
깊게 해주는 말
미안해

나는 이 글을 대하면서 사람은 동일한 잣대로 잴 수 없으며 그 개개인의 존재가치가 존중되어야 한다는 뜻으로 받아들였다. 다시 말해 각자의 잠재성이 존중되고, 자율성, 개성이 인정되는 가운데 자신의 색깔을 만들어가도록 하자는 것이 '사과나무와 떡갈나무는 다르다'의 의미가 아닐까 하고 새겨보는 것이다.

사랑아, 나는 통곡한다

나는 통곡하며 살고 싶다.
나는 대충대충, 생활도 대충대충,
만남도 대충대충, 일도 대충대충,
그렇게 살고 싶지 않다.
나는 모든 일에 통곡하는 그런 열정을 지니고 살고 싶다.
어찌 사랑뿐이겠는가.
나는 친구도 통곡하고 사귀고 싶고,
꽃 한송이도 통곡하며 보고 싶다.
내 아들딸들의 통곡하는 아버지이고 싶고,
아내와도 늙어 죽을 때까지 통곡하며 살고 싶다.
하느님도 통곡하며 믿고 싶고, 죄도 통곡하며 짓고 싶다.

- 최인호의 《사랑아 나는 통곡한다》 중에서 -

마음을 넓히고
깊게 해주는
미안해 말

작가 최인호는 책을 출간할 때마다 사람을 놀라게 하는 데가 있다. 위의 글은 《사랑아 나는 통곡한다》의 서문이다. 제목이 특이해서 책을 펼쳤다가 이 글을 읽게 됐다. 인간과 사물에 대한 깊은 애정과 옅정이 있어야 통곡할 수 있다. 그 통곡의 자세로 세상을 살고 싶다는 최인호 씨의 감성에 찬사를 보낸다.

싸울 힘이 남아 있다는 것은

비록 땅에 떨어져 발에 밟히는 낙엽처럼
시들어버린 사람일지라도,
누구와 싸울 힘이 남아 있다는 것은,
어떤 어려움 속에서도 살아갈 용기를 가졌다고 할 수가 있다.
싸울 힘마저 잃어버렸을 때가 가장 절망적이다.
원망도, 한(恨)도, 앙칼스러움도
앙금처럼 가슴 밑바닥에 가라앉아 버린 사람이라면
그나마 생명도 없이 무감각하게
짓밟히는 돌멩이와 다를 바 없다.
체념과 한숨은 죽음과 가깝다.
원망과 한은 생명의 뿌리이며 희망이기도 하다.

- 문순태의 《미명의 하늘》 중에서 -

> 마음을 넓히고
> 깊게 해주는 말
> 미안해

가장 절망적인 순간에도 싸울 힘만 있으면 살아날 수 있다. '싸울 힘이 곧 희망'이라는 역설은 어떤 경우에도 절망하지 말라는 메시지이기도 하다. 어떤 역경에도 죽지만 않고 넘기면 희망은 존재한다. 어떠한 순간에도 도전적인 자세, 삶을 대하는 적극적인 자세가 필요하다. 살아갈 용기만 있다면 그것만으로도 이미 반은 일어선 것이다.

몸무게를 달아 주는 남자

동인도 캘커타 시내에서
둥근 저울로 지나가는 사람들의 몸무게를 달아 주고
1루피를 받는 직업을 가진 인도인 남자는
인생이 행복한가를 묻는 내 질문에 이렇게 답했다.
"행복의 양과 불행의 양은 같은 겁니다.
신이 내게 주지 않은 것보다 준 것들을 소중히 여겨야지요.
신은 내게 빌어먹고 살 저울을 주셨습니다.
그것만으로도 난 얼마나 행운입니까.
이 저울을 주지 않았다면 우리 식구는 굶어 죽었을 거예요."

- 류시화의 《하늘 호수로 떠난 여행》 중에서 -

마음을 넓히고
깊게 해주는 말
미안해

인도라는 나라가 주는 느낌은 신비로움이다. 그러나 이 글을 읽으면 신비롭다는 생각보다는 자신의 삶을 충실하게 받아들이는 인도인의 모습이 진실되고, 순박하게 느껴진다. 부족한 것에 대한 불만보다 작지만 갖고 있는 것에 대한 소중함을 깨닫게 해주는 좋은 말이다.

세상에서 가장 강한 것

세상에는 강한 것이 열두 가지 있다.
그 첫째로는 돌이 있다.
그러나 돌은 쇠에 의하여 잘려지고,
쇠는 불에 의해 녹아버린다.
그러나 불은 물을 이기지 못하고 구름 속으로 흡수되어 버린다.
또한 구름은 바람에 의해 이리저리 이끌려 다닌다.
그러나 바람은 인간을 불어 날리지는 못한다.
하지만 인간은 공포에 의해 비참하게 위축된다.
공포는 술에 의해 사라진다.
술은 잠을 자면 깬다.
그러나 잠은 죽음만큼 강하지는 않다.
그러나 그 죽음조차도 사랑 앞에서는 무기력하다.

- 마빈 토케이어의 《탈무드》 중에서 -

마음을 넓히고
깊게 해주는 말
미안해

더 이상 무슨 말이 필요할까? 사랑만큼 큰 힘은 없다.

어머니의 시작(詩作) 노트

어머니는 나를 시인으로 키우셨다.
시를 통하여 인간의 인내와 사랑을 깨닫게 해주셨고
자연과 인생의 비밀을 엿볼 수 있게 해주셨다.
지금 가난한 어머니의 시작(詩作) 노트는
어디에도 남아 있지 않지만,
어머니 또한 더 이상 시를 쓰는 어머니가 아니지만,
내 마음속에는 아직도 부뚜막에 있던 어머니의 그 시작 노트가
그대로 생생하게 살아 있다.
그것은 아마 아들인 내가 바로 어머니의 시작 노트이며
어머니가 평생을 두고 쓴 시이기 때문일 것이다.

- 정채봉 · 류시화 엮음, 《신은 모든 곳에 있을 수 없기에 어머니를 만들었다》 중에서 -

마음을 넓히고
깊게 해주는 말
미안해

'내가 바로 어머니의 시작(詩作) 노트'라는 표현이 아름답다. 어머니와 자식의 관계를 표현하는 많은 말들이 있지만, 위 구절은 시적이다 못해 영혼의 노래 같다. '어머니'라는 존재는 누구에게나 절대적 가치를 지닌다. 어머니가 있음으로 내가 있고, 나의 인간됨의 밑바탕에 늘 어머니가 존재하기 때문이다.

겸손한 인격의 탑을 쌓는 말

고마워

어렸을 적 경험이다

나는 동생이 준 생일선물을 풀어 보고 실망했다

참 볼품 없는 인형이었기 때문이었다

내겐 별 소용이 없는 것이기도 해서

그냥 서랍에 넣어 두었는데

그걸 본 동생은 풀이 죽었다

며칠 뒤 엄마는

"그건 동생이 가장 아끼던거야." 라고 말했다

나는 부끄러웠다

그날 밤 잠든 동생을 보며 속삭였다

"고마워!"

지금의 나를 있게 한 시절들

1980년대 초중반,
돈이 없어 늘 배가 고팠고 신발엔 늘 비가 샜다.
나는 20대 초반을 그토록 남루하게 보내버렸다.
그러나 돌이켜보면 그토록 남루했던 내 20대 초반의 상처들이
사실은 내가 가장 사랑해야 할 것들임을
나는 지금에사 깨닫는다.
'시절들'을 통해서 깨닫는다.
외면하고 싶은, 기억에서 지워버리고 싶은 시절들이
사실은 지금의 나를 살게 하고 있는지도 모른다고….

- 공선옥의 《시절들》 중에서 -

겸손한 인격의 탑을 쌓는 말
고마워

공선옥의 글은 솔직하다. 자전적 소설인 《시절들》을 읽으면서 그녀의 20대를 보았고 동시에 나의 20대를 돌아보았다. 누구에게나 지나간 시절들이 있다. 잊어버리고 싶은, 지우고 싶은 시절들. 그러나 그 어려웠던 시절들이 오늘의 나를 있게 한 가장 소중한 자산이다.

만족하지 못하는 사람

내가 진정으로 앞설 수 있었던 것은,
어떤 일에 쉽게 만족할 수 없었기 때문이다.
아시다시피, 몇 개의 사탕을 쥐어주면
금방 좋아하는 아이들과 같은 단순한 사람들이 있다.
반면에 어떤 사람들은,
어린 시절에조차 항상 다른 것을 추구하며 산다.

- 루이즈 네블슨의 《삶이 제공하는 진정한 것》 중에서 -

검손한 인격의 탑을
쌓는 말
고마워

작은 일에 쉽게 만족하는 것도 훌륭한 능력이다. 하지만 루이즈 네블슨이 말하는 '만족'은 조금 다른 것 같다. 스스로 설정한 목표와 자기 자신을, 자기가 하는 일을 비교해 보고 목표치에 도달하기 위해 노력하는 것이다. 만족감을 얻을 때까지 끊임없이 다른 방법을 찾아보는 것이다. 이따금 이런 사람을 만나 함께 일하다 보면 문득문득 달라지는 자신을 느끼게 된다.

'창밖의 여자'도 나이 따라 다르게 부른다

전에는 소리를 힘으로 내질러야 속이 후련했어요.
그러나 이제 나이가 마흔이 넘으니까 그게 아니다 싶어집니다.
내가 편하게 노래해야 듣는 사람도 편하지 않겠습니까.
똑같은 〈창밖의 여자〉라도
지금은 감정을 감싸 안아가며 부릅니다.

- 가수 조용필의 어록 -

> 겸손한 인격의 탑을 쌓는 말
>
> 고마워

1997년 4월 23일 〈조선일보〉는 조용필 씨가 16집 새 앨범을 곧 발표할 것이라는 내용을 보도하면서 위에 적은 조용필 씨의 말도 아울러 소개했다. 불멸의 슈퍼스타가 나이 들어가면서 그의 음악 세계의 영근 모습을 보여주는 말이다 사람들에게 편안하게 다가가기 위해 끊임없이 노력한다는 말이 마음에 와닿는다. 슈퍼스타가 아니더라도 주위 사람을 편안하게 만들려는 마음가짐으로 사는 자세는 소중하다.

대처가 외할머니한테
귀에 못이 박히도록 들었던 말

어떤 일이든 할 가치가 있다면
그것을 잘하는 데에 가치가 있다.

- 고승제의 《구멍가게 둘째딸 마가릿 대처》 중에서 -

겸손한 인격의 탑을 쌓는 말
고마워

대처는 열 살 때까지 외할머니와 함께 살았다. 그 외할머니는 엄격하고 훈계를 잘하는 습관이 있었다고 한다. 그러나 이러한 외할머니의 훈계는 나중에 대처의 행동반경에 절대적인 영향을 주었다. 영국의 수상, 대처리즘의 장본인, 철의 여인으로 불릴 만큼 강한 추진력과 단호함을 가졌던 그녀의 이면에 외할머니의 가르침이 있었던 것이 아닐까. 가치 있는 일을 최선을 다해 잘 해내는 것은 그 가치를 더욱 빛내는 일이 된다. 그러면 아무리 하찮은 것도 빛이 나게 된다. 무슨 일이든 최선을 다해 잘 해보려는 노력이 필요하다.

천 년의 바람

천 년 전에 하던 장난을
바람은 아직도 하고 있다.
소나무 가지에 쉴새없이 와서는
간지러움을 주고 있는 걸 보아라.
아, 보아라 보아라.
아직도 천 년 전의 되풀이다.

그러므로 지치지 말 일이다.
사람아 사람아!
이상한 것에까지 눈을 돌리고
탐을 내는 사람아!

- 박재삼의 《사랑하는 사람을 남기고》 중에서 -

겸손한 인격의 탑을
쌓는 말
고마워

천 년 전의 바람은 여전히 소나무 가지에 쉴새없이 간지러움을 태우며 장난을 하고 있다. 아마도 지금으로부터 천 년 전이나 앞으로 천 년 후에도, 바람은 그가 있던 자리에서 장난기를 부리고 있을 것이다 지치지 않으면서 말이다. 이상한 것에도 눈을 돌리고 탐을 내는 사람들에게 지치지 말라고 강부하는 시인의 말이 절규하는 것처럼 들리는 것은 나 또한 이상한 것에 눈을 돌리고 탐을 내는 사람이어서일까?

神을 알게 되는 비법

신을 알게 되는 최선의 방법은
많은 것을 사랑하는 일이다.

- 고흐의 어록 중에서 -

겸손한 인격의 탑을 쌓는 말

고마워

하느님은 결코 먼 곳에 있지 않다. 바로 내 곁에 있다. 오늘 이 시각, 그 어떤 사람과 사랑을 체험한다면 그는 그 순간 하느님을 만난 것이다. 사랑을 주고 받았다면 하느님을 만난 것이다. 하느님을 만나는 길, 하늘로 가는 길이 곧 사랑이다.

지혜로운 사람과 어진 사람

지혜로운 자는 물을 좋아하고, 어진 이는 산을 좋아하며,
지혜로운 자는 동적이고, 어진 이는 정적이며,
지혜로운 자는 즐기고, 어진이는 장수한다.

- 《논어》 중에서 -

> 검손한 인격의 탑을
> 쌓는 말
> 고마워

나는 물을 좋아할까, 아니면 산을 좋아할까? 사람들을 만나 물을 좋아하는가 아니면 산을 좋아하는가를 물어본 적이 있다. 그 대답에 따라 그 사람의 어떤 성향을 이해하는 데 도움이 되었다. 산도 좋아하고 물도 좋아한다는 대답을 듣기도 했다. 하기야 지혜도 있고 어질기도 하면 최선의 인간이 아니겠는가.

부지런함이 보배

사람이 부지런하다는 것은
돈으로 살 수가 없는 보배가 되는 것이요,
일에 삼가는 것은
자기 몸을 보호하는 부적이 된다.

- 《명심보감》 중에서 -

> 검손한 인격의 탑을 쌓는 말
> 고마워

《명심보감》은 중국 선각들의 명언을 모은 책이다. 편찬연대는 정확하지 않으나 우리나라에서는 고려 때부터 한문을 처음 배우는 사람들의 도덕교본으로 널리 사용되어 왔다. '명심(明心)'은 그대로 마음을 밝게 한다는 뜻이다. '부지런함이 보배'라는 위 어록은 강태공이 한 말이다. 자기 자신에게 특별한 능력이 없다 싶을 경우에도 성공할 수 있는 비결은 있다. 부지런함과 성실함이 그 비결이다. 여기에 매사 조심하는 태도까지 갖춰진다면 어찌 크게 성공하지 않을까.

뱃사공에게 맡겨야 강을 건넌다

저 건너편 강 언덕에 아름다운 땅이 있습니다.
그 아름다운 땅에 건너가려면
멀리 배를 타야 합니다.
일단 배를 타면 뱃사공에게 몸과 마음과 모든 생명을
온전히 맡겨야 합니다.
그리고 모든 짐은 배에다가 내려놓아야 합니다.
뱃사공에게 온전히 맡기지 않고
"이리 가라, 저리 가라." 간섭합니다.
배에 짐을 내려놓지 않으면
편하고 안전하게 강을 건널 수 없게 됩니다.

- 스와미 크리슈나 아난의 《자유명상》 중에서 -

> 겸손한 인격의 탑을 쌓는 말
> 고마워

무엇인가를, 특히 누군가를 전적으로 믿는다는 것은 쉽지 않은 일이다. 그러나 그렇기 때문에 무엇인가를, 또는 누구인가를 전폭적으로 믿고 의지하게 되었을 때는 자신도 예측하지 못했던 것을 얻게 된다. 100만큼의 믿음을 주면 설사 100만큼의 믿음을 받을 만한 자질과 능력이 없는 사람도 그만큼, 아니 그 이상의 힘을 내게 된다. 믿음을 주는 이의 마음이 믿음을 받는 사람에게 전달되어 더 큰 힘을 내게 하기 때문이다.

가장 절망적일 때

절대 포기하지 마십시오.
절대 포기하지 마십시오.

- 잭 캔필드 외, 《가장 절망적일 때 가장 큰 희망이 온다》 중에서 -

> 겸손한 인격의 탑을 쌓는 말
> 고마워

윈스턴 처칠이 옥스퍼드 대학 졸업 연설에서 한 가장 짧은 연설이다. 그러나 그의 짧은 연설은 천둥소리 같은 박수로 되돌아왔다. 어떤 상황에서도 절대 포기하지 말자. 일과 사랑과 자기 목숨을 절대 포기하지 말라.

굽히되 굴종하지 않는다

홀로 우뚝 서기는 쉬워도 낮추어 굽히기는 어렵다.
뜻이 있어도 세상이 그 뜻을 받아들이지 않을 때,
그 좌절의 역경 앞에서도
묵묵히 자신을 기르며 때를 기다릴 일이다.
그러나 그 굽힘이 뜻을 꺾는 굴종일 수는 없다.
세상에는 지고도 이기고, 이겼지만 지는 그런 승부도 있다.

- 《채근담》 중에서 -

겸손한 인격의 탑을 쌓는 말
고마워

나이가 들수록 이 말을 실감한다. 이십대와 삼십대의 치열한 고민과 노력이 사십대가 되면 굽히되 굴증하지 않는 '아름다운 정신력'을 꽃피운다. 간혹 그런 사람을 보게 된다. 나는 그런 날은 취하고 만다. 태산을 옮기는 일보다 어려운 일을 해낸 사람에게서 배어나오는 향기에 흠뻑 취하고 만다. 마음 깊은 곳에서 우러나는 갈채를 보내게 된다.

내 영혼의 버팀대

내 영혼의 버팀대가 될 수 있는 것은 나의 의지와 결심이다.
그 사실을 알고 있다면 나는 행운을 안고 있는 사람이다.

- 쇼펜하우어의 《희망에 대하여》 중에서 -

> 겸손한 인격의 탑을 쌓는 말
> 고마워

인생은 맑고 고요한 날보다는 그렇지 않은 날들이 많다. 그러한 때에 등대처럼 꺼지지 않는 불꽃으로 나를 인도하는 것이 있다. 바로 나의 의지와 결심이다. 그것은 평소에는 잘 드러나지 않는다. 그럼에도 나는 든든하다. 그것이 내 안에 우뚝 서 빛나고 있다는 사실만으로도.

나쁜 습관 여섯 가지

나쁜 습관을 깨뜨리는 것은 그 자체로도 의미 있는 일이며
더욱이 그로 인해서 무언가를 깨닫게 된다.
아래의 여섯 가지 습관은 모두 나쁜 습관이다.
1. 항상 제대로 마무리하지 못하면서 시간과 에너지만
   낭비하거나 일을 복잡하게 만드는 습관
2. 일의 흐름을 자꾸 끊는 습관
3. 신체에 해로운 습관
4. 다른 사람을 불쾌하게 만드는 습관
5. 자기 자신을 바보 같이 보이게 하는 습관
6. 자신의 습관에 대해 관대한 태도

- 조지 와인버그의 《있는 그대로 바라보면 사는 법이 달라진다》 중에서 -

> 겸손한 인격의 탑을 쌓는 말
> 고마워

누구나 나쁜 습관 몇 가지씩은 갖고 있다. 나쁜 습관은 오래 갖고 있을 것이 못 된다. 하루라도 빨리 버리는 것이 상책이다.

사는 그대로 받아들이라

자신이 원하는 대로 일이 되어 가기를 기대하지 말라.
그것을 요구하지 말라.
일들이 일어나는 대로 받아들이라.
그대로 흘러가라.
나쁜 것은 나쁜 것대로 오게 하고
좋은 것은 좋은 것대로 가게 하라.
그때 그대의 삶은 순조롭고 마음은 평화롭다.

- 에릭테투스의 《삶의 기술》 중에서 -

> 검손한 인격의 탑을 쌓는 말
> 고마워

삶을 살아가는 데도 기술이 필요하다. 그 첫번째는 있는 그대로를 받아들이는 것이다. 물론 쉽지 않은 일이다. 왜냐하면 누구나 자기가 바라는 바가 있고, 그 바라는 바대로 밀고 나가려 하기 때문이다. 그러나 자기 생각에 집착하지 않고 나쁜 것은 나쁜 것 그대로, 좋은 것은 좋은 것 그대로 받아들이는 태도를 갖게 되면 '순조로움'과 '마음의 평화'를 얻게 된다.

망국적인 한국병 '섭섭증'

"나는 사람들에게 친절하고 정성스러운 게
천성이자 직업이지만
내가 기쁜 마음으로 할 수 있을 때까지만 하려고 해요.
친절도 도가 넘치면 버겁고 부담이 되는 건 물론,
하고 나서도 내가 이만큼 해주었는데 하는 마음이 생겨
어떤 형태로든 반대급부를 기대하게 된단 말예요.
망국적인 한국병 '섭섭증'은 여기서 비롯되는 것이지요."

- 한비야의 《바람의 딸 걸어서 지구 세 바퀴 반》 중에서 -

겸손한 인격의 탑을 쌓는 말

고마워

이해타산적인 것처럼 느껴지지만 이것처럼 절도(?) 있는 말도 드물 것이다. 하지만 사람의 마음이라는 것이 무우 자르듯 싹둑 잘라지는 것이 아닌 것처럼 기쁘게 줄 수 있는 이상의 것을 주어서 조금은 섭섭하다 해도 내가 줄 수 있다는 것에 감사하고 만족할 수 있다면 섭섭함은 곧 기쁨으로 변할 것이다.

날마다 새롭고 감미로운 말 사랑해

"사랑해!"라고 말해보자

사랑하는 사람에게 그리고 나에게

하루 세 번 말해보자

미소도 곁들여서

"사랑해!"라는 말 속에는 무서운 힘이 있다

크고 작은 어려움을 이겨내는 힘이

"사랑해!"라는 속삭임 속에 들어 있다

말할수록 들을수록 힘이 솟구치는 말

그이의 마음이, 내 마음이

자꾸만 커지고 밝아진다

세상이 밝아진다

돕는다는 것은 함께 비를 맞는 것

남을 도울 힘이 없으면서 남의 고정(苦情)을 듣는다는 것은
매우 마음 아픈 일입니다.
그것은 단지 마음 아픔에 그치지 않고
무슨 경우에 어긋난 일을 하고 있다는 느낌을 갖게 합니다.
돕는다는 것은 우산을 들어주는 것이 아니라
함께 비를 맞는 것임을 모르지 않습니다만,
빈손으로 앉아 다만 귀를 크게 갖는다는 것이
과연 비를 함께 하는 것인지,
그리고 그에게 도대체 무슨 소용이 있는지
의심스럽지 않을 수 없습니다.

- 신영복의 《감옥으로부터의 사색》 중에서 -

날마다 새롭고 감미로운 말

사랑해

신영복의 글을 읽으면 매번 다른 세상을 보게 된다. 내가 슬픔을 느낄 때면 슬픔을 다독이는 이웃을 보여주고, 기쁨을 느낄 때면 기쁨을 나누는 마음을 열어준다. 슬픔을 나누고 도움을 주는 데는 여러 방법이 있다. 물질의 지원에서부터 눈물을 닦아주며 고민이나 어려움을 들어주는 것까지…. 어려움을 토로하고, 위로받을 수 있는 존재가 있다는 것은 설사 그 사람이 직접적인 도움을 주지는 않더라도 큰 힘이 된다. 용기를 내서 어려움을 헤쳐 나갈 수 있는 힘을 주기 때문이다.

잊을 수 없는 인격

한 인간이 참으로 보기 드문 인격을 갖고 있는가를
발견해내기 위해서는
여러 해 동안 그의 행동을 관찰할 수 있는
행운을 가져야만 한다.
그의 행동이 온갖 이기주의에서 벗어나 있고
그 행동을 이끌어나가는 생각이 더없이 고결하며
어떠한 보상도 바라질 않고
그런대로 이 세상에 뚜렷한 혼적을 남긴 것이 분명하다면,
우리는 틀림없이 한 잊을 수 없는 인격과 마주하는 셈이 된다.

- 장 지오노의 《나무를 심은 사람》 중에서 -

날마다 새롭고
감미로운 말
사랑해

첫 장을 넘기자마자 나온 구절이다. 얄팍한 이 시대에 끊임없이 남에게 드러내고 싶어 했던 자신을 느낀 적은 없는지 생각해 볼 일이다. 사람에 대해 판단하는 것은 쉽지 않은 일이다. 그렇기 때문에 신중해야 한다. 첫인상이나 짧은 만남은 그 사람에 대한 단상일 수 있고, 그 사람이 의도한 모습일 수도 있기 때문이다.

청춘

청춘이란 인생의 어떤 기간이 아니라 마음가짐을 말한다.
장미의 용모, 붉은 입술, 나긋나긋한 손만이 아니라
씩씩한 의지, 풍부한 상상력, 불타오르는 정열을 가리킨다.
청춘이란 인생의 깊은 샘의 청신함을 말한다.

청춘이란 두려움을 물리치는 용기,
안이함을 선호하는 마음을 뿌리치는 모험심을 의미한다.
때로는 20세 청년보다는 70세 인간에게 청춘이 있다.
나이를 더해가는 것만으로 사람은 늙지 않는다.
이상을 잃어버릴 때 비로소 늙는다.
세월은 피부에 주름살을 늘려가지만
열정을 잃으면 마음이 시든다.
고뇌, 공포, 실망에 의해서 기력은 땅을 기고
정신은 먼지가 된다.

70세든 60세든 인간의 가슴에는

날마다 새롭고 감미로운 말
사랑해

경이에 이끌리는 마음,
어린애와 같은 미지에 대한 탐구심,
인생에 대한 흥미와 환희가 있다.
그대에게도 나에게도 마음의 눈에 보이지 않는
우체국이 있다.
인간과 하느님으로부터 아름다움, 희망, 기쁨, 용기,
힘의 영감을 받는 한 그대는 젊다.

영감이 끊기고, 정신이 아이러니의 눈에 덮이고
비탄의 얼음에 갇혀질 때 20세라도 인간은 늙는다.
머리를 높이 치켜들고 희망의 물결을 붙잡는 한,
80세라도 인간은 청춘으로 남는다.

- 사무엘 울만의 《청춘》 중에서 -

자, 지금 당장 머리를 높이 치켜들고 희망의 물결을 붙잡아 보자.

어째서 자살을 하지 않습니까?

저술가이면서 정신의학자인 프랭클 박사는
크고 작은 많은 고통을 겪고 있는 자기의 환자들에게 가끔,
"어째서 자살을 하지 않았습니까?" 하고 묻는다.
그러면 환자들은 대답한다.
한 사람은 자기의 삶이 자기 자식들에 대한 사랑으로
맺어져 있기 때문이라고 하였다.
다른 사람은 자기 자신의 능력으로
이 세상에 이바지하여야 하기 때문이라고 대답하였다.
그런가 하면 또 한 사람은 간직할 보람이 있는 추억 속에
잠기고 싶은 미련이 유일한 이유인지도 모른다는 대답이었다.

- 빅터 프랭클의 《죽음의 수용소에서》 중에서 -

날마다 새롭고 감미로운 말
사랑해

프랭클 박사는 이러한 대답에서 심리요법에 관한 지침을 종종 발견할 수 있었다. 그리하여 그와 같이 조각난 삶의 가느다란 실오라기를 의미와 책임의 확고한 유형으르 짜 만드는 것이 프랭클 박사가 스스로 창시한 현대의 '실존적 분석'과 '로고데라피'의 목적이요 추구하는 바다. 빅터 프랭클 박사는 비엔나 의과대학의 신경정신과 교수이며 미국 인터내셔널 대학교(샌디에고)의 로고데라피 교수이다. 그는 프로이트의 정신분석과 아들러의 개인심리학에 이은 정신요법 비엔나 제3학파 즉, 로고데라피 학파의 창시자이다. 누구에게나 살아가는 이유가 있다. 그 이유를 찾아내 자기 존재의 가치를 세우는 것이 중요하다. 그것이 없으면 자칫 삶의 의미를 잃어버릴 수 있다.

삼가야 할 세 가지

군자에게 경계해야 할 바가 셋 있으니,
젊어서는 혈기가 일정하지 않으니,
경계해야 할 것이 여색에 있고,
장성해서는 혈기가 왕성하기 때문에
경계해야 할 것이 싸움에 있으며,
늙어서는 혈기가 쇠약하니,
경계해야 할 것이 탐욕에 있다.

- 《논어》 중에서 -

날마다 새롭고 감미로운 말 사랑해

공자는 청년기, 장년기, 노년기로 나누어 크게 삼가야 할 것을 말하고 있다. 살면서 삼가야 할 것이 어디 세 가지뿐이겠는가? 나는 지금 어느 단계에 있는가를 보고, 자중자애하는 마음으로 공자의 말을 받아들여 보자. 역시 책보다 더 큰 스승이 없음을 새삼 깨닫게 된다.

8월의 크리스마스

내 기억 속의 무수한 사진들처럼
사랑도 언젠가 추억으로 그친다는 것을
나는 알고 있었습니다.
하지만 당신만은 추억이 되질 않았습니다.
사랑을 간직한 채 떠날 수 있게 해준 당신께
고맙다는 말을 남깁니다.

- 영화 〈8월의 크리스마스〉 중에서 -

날마다 새롭고 감미로운 말 사랑해

어떤 것이든 설명을 해주어야만 의미를 알 수 있는 영화가 있는가 하면 애써 설명하지 않아도 그 느낌만으로도 모든 것을 알 수 있게 해주는 영화가 있다. 〈8월의 크리스마스〉가 그렇다. 슬프지도 않고, 그렇다고 가슴 절절한 사연이 담긴 것도 아니다. 감히 사랑이라고 말하기조차 낯설게 느껴지지만 마음 가득 흐뭇함이 함께할 수 있는 영화다. 영화의 마지막 장면에서 흘러나오는 주인공의 내레이션은 정말 아름다운 사랑이었음을 느끼게 해주었다.

목표와 사랑과 꿈

목표와 사랑과 꿈만 있으면
너희들은 너희들의 몸과 삶의
완전한 주인이 될 수 있다.

- 잭 캔필드 외, 《가장 절망적일 때 가장 큰 희망이 온다》 중에서 -

> 날마다 새롭고 감미로운 말
> 사랑해

암 투병 끝에 이를 극복한 아버지가 임종하면서 아이들에게 한 말이다. '완전한 주인'으로 산다는 것이 쉬운 일은 아니다. '완전한 주인'이 되는 조건은 물질에 있지 않다. 돈, 권력, 명예도 '완전한 주인'으로 만들어주지 않는다. 목표, 사랑, 꿈이 '완전한 사람'으로 만든다는 생활철학이 감동을 준다. '목표'가 있다는 것은 갈 길이 있다는 뜻이다. '사랑'이 있다는 것은 함께 갈 동반자가 있다는 뜻이다. '꿈'이 있다는 것은 미래에 대한 희망이 있다는 뜻이다.

친구의 행복한 미소

살아가는 방법에 있어서
인간은 예술가인 동시에 자기 예술의 대상이 되고,
조각가인 동시에 대리석이고, 의사이면서 그의 환자이다.

- 에리히 프롬의 《도덕과 정신분석》 중에서 -

날마다 새롭고 감미로운 말

사랑해

사진작가인 친구를 만난 일이 있다. 그 친구는 그날 따라 아주 행복한 표정이었다. "난 매일 다른 사진을 찍어. 꽃을 찍기도 하고 노인이나 아이, 때론 일출이나 빌딩 숲…. 그런데 어느 날 아내가 이러는 거야. 당신 사진은 모두 다른데도 하나같이 당신이 느껴져요." 난 프롬의 글을 보면서 그 친구를 떠올렸다. 예술가인 동시에 스스로 그 예술의 대상이 되고, 그것을 통해 다른 사람과 감정을 나눌 수 있는 그 친구의 행복한 미소가 되살아났다.

하고 싶은 대로 해라

텔레메의 수도회원들은 법, 규칙, 정관 등에 얽매이지 않았으며
자신들의 자유의지를 실행하는 것을 으뜸으로 삼았다.
그들이 적당하다고 생각하는 시간에 일어나
의욕을 느끼는 대로 음식을 들고, 일을 하며, 또 잠을 잤다.
아무도 그들을 깨우거나 술을 강요하지 않았으며
먹는 것이고 뭐고 간섭이라는 게 없었다.
가르강튀아가 그렇게 해놓았기 때문이었는데
유일한 법이자 명령이란 다름아닌 다음 글귀였다.
"하고 싶은 대로 해라."

- 프랑수아 라블레의 《가르강튀아와 팡타그뤼엘》 중에서 -

날마다 새롭고
감미로운 말
사랑해

라블레는 프랑스의 작가이자 의사였다. 《가르강튀아와 팡타그뤼엘》은 르네상스 시대의 최고 걸작으로 꼽히고 있다. 중세의 음울한 종교적, 정신적 억압에서 벗어나고자 했던 라블레의 풍자에 일반인들은 큰 호응을 보냈다. 그 때문이었을까? 인문주의자임을 자처했던 동료들로부터도 따돌림을 받았던 라블레는 말년에 이르러 홀연 사라졌다. 오직 '하고 싶은 대로 해라'는 화두를 역사에 남긴 채···.

믿음직한 마부

사나운 말이나
또는 고삐만으로 다스릴 수 있는 순한 말에 대해서도,
한결같이 자기의 노여움을 자제할 수 있는 사람이야말로
나는 믿음직한 마부라고 말한다.

- 불경 중에서 -

> 날마다 새롭고
> 감미로운 말
> 사랑해

이 글을 읽자 니노미야 손도쿠의 말이 떠올랐다. "마음의 논밭을 개간할 수 있다면 이 세상의 어떤 황무지를 개척하는 것도 어렵지 않다." 마음의 논밭을 개간한다는 것은 결국 마음의 자제력을 키우는 것이다. 자제력을 가지면 아무리 거친 황무지도 개간할 수 있고, 아무리 사나운 말도 다스릴 수 있다.

비뚤어진 모성애가 자식을 망친다

자식을 챙기는 게 부모의 당연한 애정일 수 있고
그건 아름다운 모습으로 비칠 수 있다.
특히 우리는 모성이 미화되는 시대에 살고 있다.
하지만 이런 때일수록 과장된 모성이 네 자식,
내 자식을 모두 망칠 수 있다는 생각을 해야 한다.
부모의 사소한 행동 하나에도
아이들은 즉각 느끼고 반응을 하기 때문이다.

- 변재란 · 최정현의 《반쪽이 부부의 작은 세상》 중에서 -

날마다 새롭고
감미로운 말
사랑해

비뚤어진 모성애! 내일의 희망인 아이들을 올바르게 키우려면 자기 자식만 귀중하게 여기는 어머니의 비뚤어진 마음부터 고쳐야 할 것 같다. 아이들에게 가장 큰 영향을 끼치는 것은 어머니이기 때문이다.

내가 배부르면 남들도 배부를까?

"옛날 이야기에도 그런 게 있어요.
욕심 많은 부자 얘긴데 그는 자기가 배가 부르면 남들도
다 배가 부른 줄 아는 부자였대요."
"그래, 그런 마음은 들판을 지날 때에도 똑같은 거야.
자동차 안이 시원하다고
농부가 김매는 들판까지 시원한 게 아니거든.
그런데도 우리는 그 욕심 많은 부자처럼
자기가 시원하고 한가하니까
그 풍경까지 시원하고 한가하게 바라보는 거야.
농부가 어떤 구슬땀을 흘리고 있는지는
조금도 생각하지 않고 말이지."

- 이순원의 《아들과 함께 걷는 길》 중에서 -

날마다 새롭고 감미로운 말

사랑해

사람들은 자기 입장에서만 생각하게 다련이다. 내가 기쁘면 남들도 기뻐야 하고 내가 슬프면 남들도 슬퍼야 한다고. 그러나 남들은 나와 같지 않다. 내가 한가하게 즐길 때 남들은 열심히 일하고 있는가 하면 내가 열심히 일하고 있을 때 남들은 여유를 가지고 즐기기도 한다. 그렇기 때문에 서로를 존중하고 배려할 줄 아는 마음이 더욱 필요한 것이다. 나만 생각하는 이기심에서 벗어나 타인을 생각하는 너그러움을 갖추도록 하자.

신입사원에게 가장 좋은 상사

혹독한 업무를 요구하는 상사가
신입사원에게는 가장 좋은 상사다.
왜냐하면 비록 인간적인 정은 부족하더라도
이런 상사에게 인정받으면 끝까지 부하를 끌어올려
자신의 밑에 두려 하기 때문이다.
일보다 인간적인 면이 강한 상사는 시간낭비이다.
비즈니스의 세계에서는 인간적인 면이 중시되기는 하지만
최종 판가름은 역시 업무실적에서 결정되는 만큼
이런 상사 밑에서 대성하기는 어렵다.
답답하고 무능한 상사는 더 시간낭비이다.
이런 상사와 함께 일하면 같이 무능한 인간으로 전락할 수 있다.
따라서 이런 상사를 만나게 되면 되도록 빨리
다른 부서로 옮기는 방법을 강구하는 것이 좋다.
유능하고 인간성이 좋은 상사는?
이런 상사를 만나면 가장 좋을 것 같지만 실상은 그렇지 못하다.

날마다 새롭고 감미로운 말 사랑해

오히려 성공의 장애물로 작용할 소지가 더 많다.
이런 상사를 모시게 되면 일하기는 편할지 모르지만
결국 모든 영광은 상사에게 돌아가는 경우가 많기 때문이다.

- 취업전문지 월간 《리쿠르트》 중에서 -

혹독한 업무를 요구하는 상사를 만나려고 애쓸 필요까지는 없다. 그러나 혹시라도 그런 상사를 만나게 되면 오히려 내 인생의 출세 길이 열렸다고 생각하고 굳센 마음을 먹고 대처하는 게 좋을 듯하다. '혹독한 선생님'이 결국 나에게 좋은 교사가 되었던 것과 마찬가지로 말이다.

사람을 사람답게
자리잡아 주는 말
잘했어

진심으로 잘되기를 바라는 이가 있다면

칭찬을 아끼지 말자

눈에 띄는 결과는 아니더라도

나름대로 최선을 다했다면,

"잘했어!" 라고 말해주자

"네가 자랑스러워!" 라고 함께 기뻐하자

그 순간부터 그 사람은

정말 '잘하는' 사람이 된다

바다

여름철에 즐겨 마시는 칵테일의 일종.
다량의 염분과 플랑크톤, 각종 해초, 물고기 시체,
먹다 버린 콜라, 삼 년 묵은 때, 선탠오일, 슬며시 흘려 놓은 소변,
원자력 발전소의 핵폐기물, 좌초된 유조선의 기름 등
갖가지 재료를 넣고 뜨거운 직사광선을 가하면서
각종 해류에 섞어 마시면 된다.
너무 많이 마시면 호흡 곤란을 일으켜 혼수상태에 빠지는데,
이때는 '마우스 투 마우스'라는 특수한 키스를 하면 된다.

- 이명석의 《그로테스크하고 아라베스크한 문화의 백과사전》 중에서 -

사람을 사람답게
자리잡아 주는 말
잘했어

참 독특한 책이다. 이 책을 읽으면 경쾌해진다. 고정관념에서 조금이나마 벗어날 수 있기 때문이다. 이 책에는 문화를 일컫는 다양한 용어들이 등장하는데 당신의 잠자는 사고를 일깨울 수 있는 좋은 책이 될 것이다. 당신에게 발상의 전환을 가져오는 기회가 되기를 바라면서 소개한다.

가짜의 3대 특징

속칭 '가짜론'의 3대 특징이 있다.
첫째, 가짜는 진짜와 똑같아 보인다.
둘째, 가짜는 진짜보다 더 좋게 보인다.
셋째, 그러나 가짜는 언젠가는 가짜로 드러난다.

- 1997년 7월 31일자 〈한겨례신문〉에 실린 문병란 교수의 시평에서 -

사람을 사람답게 자리잡아 주는 말

잘했어

가짜와 진짜를 식별하기가 얼마나 어려운 것인가를 보여주는 말일 게다. 그래서 '짜가'가 판친다는 유행가 가사도 있지 않은가. 문 교수는 〈지도자와 가짜론〉이란 제목의 이 시론에서 '가짜 지도자' 문제를 주로 거론했다. "광복 이후 50년 동안 대통령을 아홉 번이나 뽑았고, 국회의원을 수천 명 배출했지만 가짜를 더 많이 선출했던 시행착오의 민주주의였다"는 것이다. 언젠가 가짜로 탄로나는 삶이 되어서는 안 되겠다.

명성은 마약과 같다

명성을 얻고 싶은 욕망은 정신적인 마약과 같은 것이다.
명성은 창조적 작업의 결과물이기도 하지만
핵폐기물처럼 매우 위험한 부산물이기도 하다.
명성을 쟁취하고 유지하려는 욕망은
일이 제대로 진행되고 있는지에 대해서가 아니라
남들에게 어떻게 보이는지에 집착하게 만든다.

- 줄리아 카메론의 《아주 특별한 즐거움》 중에서 -

> 사람을 사람답게 자리잡아 주는 말 잘했어

조금이라도 대중에게 노출된 사람들에게 적절한 충고가 되지 않을까 여겨진다. 특히 '남들에게 어떻게 보이는지에 집착하게 만든다'는 말에는 동감하는 바가 크다. 결국 자기 중심을 잃지 않는 것, 그래서 자기 정체를 잃지 않는 것이 중요하다.

장애물을 넘는 비결

장애물이란 당신이 목표 지점에서 눈을 돌릴 때
나타나는 것이다.
당신이 목표에 눈을 고정시키고 있다면
장애물이란 보이지 않는다.

- 잭 캔필드 외, 《영혼을 위한 닭고기 수프》 중에서 -

사람을 사람답게
자리잡아 주는 말
잘했어

무슨 일을 하건 진정으로 원하는 목표를 세우고 이를 향해 매진하는 자세가 기본이다. 그런데 뜻하지 않은 장애물을 만났을 때 나는 이런 생각을 한다. 내가 갈 목적지에 이르는 길은 수없이 많다. 지금 내 앞에 등장한 장애물이란 내가 갈 수많은 길 중 하나의 길만을 막고 있을 뿐이다.

보고 싶다 보고 싶다

비를 맞으며 걷는 사람에겐 우산보다
함께 걸어 줄 누군가가 필요한 것임을,
울고 있는 사람에겐 손수건 한 장보다
기대어 울 수 있는 한 가슴이 더욱 필요하다는 것임을
그대를 만나고서부터 깨달을 수 있었습니다.
그대여, 지금 어디 있는가.
보고 싶다 보고 싶다.
말도 못할 만큼 그대가 그립습니다.

- 이정하의 《너는 눈부시지만 나는 눈물겹다》 중에서 -

사람을 사람답게
자리잡아 주는 말
잘했어

이정하의 시는 감성적이다. 담백한 생크림을 떠올리게 한다. 이 시 역시 부드럽게 감기는 첫맛에 이끌렸다. 그런데 오래도록 녹지 않는 뒷맛이 인상적이었다. 나눔과 그리움의 고통을 통해 깊어지는 사랑의 참맛을 담고 있다.

죽을 힘을 다해 살라

자유로운 사람은 절대로 죽음을 생각하지 않는다.
그의 지혜로운 사념의 주제는
죽음에 대해서가 아니라 삶에 대해서다.

- 스피노자의 《도덕》 중에서 -

사람을 사람답게 자리잡아 주는 말 잘했어

어려울수록 '죽을 힘을 다해 살라'고들 말한다. 얼핏 모순된 말로 들린다. 그런데 인생의 여러 고비를 주다 보니 그 말이 참 실감난다. 극심한 정신적 고통에 시달리다 보면 별별 생각이 다 든다. 사지의 힘이 쭉 빠지고 세상 일이 아무런 느낌도 전해주지 못한다. 아무 소리도 들리지 않고 아무것도 보이지 않는다. 그럴 때는 여러 곳을 돌아다녀 보라고 권하고 싶다. 자신을 풀어놓는 게 먼저다. 여러 형태의 다른 삶과 부딪히다 보면 자신의 삶이 되살아난다. 그것이 친구든, 한줌 햇살이든, 갓난아이의 눈망울이든, 쇼윈도에 비친 자신의 얼굴이든.

아프로디테의 음식

아이의 성격은 어머니 뱃속에서 이미 뚜렷해진다.
내가 태어나기 전에 어머니는 정신적인 고통을 받고 있었고
비참한 상황에 빠져 있었다.
어머니는 냉동된 굴과 샴페인 외엔 어떤 음식도 먹을 수 없었다.
사람들이 나더러 언제부터 춤을 추기 시작했느냐고 물어볼 때면
나는 이렇게 대답한다.
"어머니 뱃속에서부터가 아닌가 싶습니다.
아프로디테의 음식이었던 굴과 샴페인 덕분이었답니다."

- 이사도라 덩컨의 《나의 인생》 중에서 -

사람을 사람답게 자리잡아 주는 말

잘했어

알코올 중독자였던 어머니 덕분에 성공했다고 말하는 이사도라 덩컨. 그녀는 현대무용의 선구자로 지금껏 추앙받는 여성이다. 그녀는 전통적인 발레 복식은 육체를 속박한다며 투명한 옷을 입고 맨발로 춤을 추었다. 무명시절에는 언제나 검은 옷을 입었는데 검은색을 좋아해서가 아니었다. 지독히도 가난해 옷을 살 돈이 없었기 때문이었다. 그럼에도 어머니가 임신 중에 마신 술과 안주를 아프로디테의 음식으로 말했던 이사도라 덩컨. 그녀가 성공한 까닭은 환경에 굴하지 않고 그것을 재해석해내는 낙천성 때문이 아닐까.

나쁜 비누

비누는 쓸수록 물에 녹아 없어지는 하찮은 물건이지만
때를 씻어준다.
물에 잘 녹지 않는 비누는 좋은 비누가 아니다.
자기를 희생하여 사회를 위해 일하려 하지 않고
자기 힘을 아끼는 자는 나쁜 비누와 마찬가지다.

- 워나메커의 어록 -

사람을 사람답게 자리잡아 주는 말 잘했어

워나메커는 미국의 유명한 백화점 왕이었다. 그가 좋은 사람과 나쁜 사람을 비누에 비교했다. 사람을 흔하디 흔한 비누에 빗대는 게 불쾌할지 몰라도 명쾌하게 들리는 건 사실이다. 하찮은 물건도 그 효용성을 다하지 못하면 천대를 받는다. 사람도 마찬가지이다. 사회적 관계 속에서 살 수밖에 없다면, 더불어 살기 위해 조금 양보하고 인내하는 건 당연한 일이 아닐까? 생각처럼 쉽지 않은 게 탈이지만 말이다.

마지막 한 방

나는 천재 테니스 선수인 엘시아 깁슨에게
어떤 스트로크가 가장 받아치기 힘드냐고 물은 적이 있다.
나는 크로스 코트 백핸드라든가
오버핸드 스매시라는 대답을 예상했다.
그러나 그녀는 "제일 마지막 한 방이요."라고 말했다.
그리고는 코트에 있을 때가
제일 행복하기 때문이라고 덧붙였다.
그녀는 승자로서든 패자로서든
코트 밖으로 나가는 것을 원치 않았던 것이다.

- 조지 와인버그의 《있는 그대로 바라보면 사는 법이 달라진다》 중에서 -

> 사람을 사람답게 자리잡아 주는 말
>
> 잘했어

여느 테니스 스타들과는 달리 앨시아 깁슨은 코트에서 떠나면 가난하고 험악한 이웃들이 사는 집으로 돌아가야 했다. 그녀는 최초의 흑인 챔피언이었다. 게임의 종료는 그녀에게 호화로운 테니스 경기장, 카메라, 관중들을 떠나는 것을 뜻했다. 하지만 깁슨은 이런 것에 굴복하지 않았다. 그녀는 코트에 있고 싶은 충동 때문에 자기를 챔피언으로 만들어 줄 마지막 한 방을 포기하는 일이 없었다고 한다.

완벽주의자

완벽주의자는 전체 시를 망칠 때까지
한 줄의 시구를 고치고 또 고친다.
완벽주의자는 종이가 닳아 없어질 때까지
초상화의 턱선을 고치고 또 고친다.
완벽주의자는 시나리오의 첫장을 고치느라고
다음 장을 제대로 쓰지 못한다.
완벽주의자는 관객의 눈치를 보면서 글을 쓰고 그림을 그린다.
일을 즐기는 것이 아니라 끊임없이 결과를 저울질한다.
그는 어디로 가고 있을까?
아무데도 가지 못한다.

- 줄리아 카메론의 《아주 특별한 즐거움》 중에서 -

사람을 사람답게 자리잡아 주는 말 잘했어

정말 무릎을 쳤다. 나 역시 아무데도 끼지 못하는 나를 자주 본다. 그렇다면 여러분은?

사랑의 기본

좋아하는 사람이 생기기 전에
먼저 자기 자신과 사랑에 빠져 보아라.
좋아하는 사람과 함께 하고 싶은 일들을
먼저 자신과 함께 해보라.
근사한 음악을 골라 줄 사람이 필요하면
스스로 안내 책을 읽고 음악을 골라 보아라.
혼자 영화를 보고 자신과 함께 온 것을 즐겨라.
자신에게 도취되어라.
자기 자신과 사랑에 빠질 수 없다면,
다른 누구와 함께 있어도 즐거움을 느낄 수 없고,
사랑에도 빠질 수 없다.

- 캐럴 스페너 라 러소의 《여성을 위한 세상을 보는 지혜》 중에서 -

사람을 사람답게 자리잡아 주는 말

잘했어

자신을 사랑하는 게 기본이다. 나를 소중히 여길 줄 모르는 사람은 남도 소중하게 대할 줄 모른다. 마찬가지로 나를 사랑할 줄 모르는 사람은 남을 사랑할 수 없다. 자신을 진정으로 사랑하는 것이 사랑의 출발이다.

황당무계한 법

"네 놈들이 먼저 도둑질하고, 살인하고, 빼앗아가고 했으면서
이제 와서 있지도 않은 무슨 법 같은 것을 만들어
'도둑질하지 말라', '살인하지 말라',
'남의 물건을 훔치지 말라' 하며
그 따위 황당무계한 소리를 지껄인단 말이냐."

- 톨스토이의 《부활》 중에서 -

사람을 사람답게
자리잡아 주는 말
잘했어

법은 도덕의 최소한이라고들 한다. 그만큼 사회질서를 유지하는 데 중요한 역할을 한다. 그런데 그 역기능 또한 만만치 않다. 심지어는 '기득권을 유지하기 위한 표현형식에 불과한 것'으로 비쳐지기도 한다. 톨스토이가 꼬집은 것도 바로 그러한 법의 역기능이다. 그리고 대부분의 역기능은 법의 운용을 잘못하는 데서 비롯된다. 유용한 낫과 망치가 흉기가 될 수 있는 것처럼 말이다.

입술찬가

"그리워라 뜨거운 그대의 입술,
포도주보다 달콤한 그대의 사랑.
내 입술은 분홍빛 실오리 같고, 내 입은 예쁘기만 하다.
그대 사랑 아름다워라, 그대 사랑 포도주보다 달아라.
그대가 풍기는 향내보다 더 향기로운 향수가 어디 있으랴.
그대 입술에선 꿀이 흐르고
혓바닥 밑에는 꿀과 젖이 고였다.
나리꽃 같은 입술에선 모략의 즙이 뚝뚝 떨어진다.
능금 향내 같은 그대의 입김 맡게 해주오.
잇몸과 입술을 넘어나오는 포도주 같은 단맛을
그대의 입속에서 맛보게 해주오."

- 《구약성서》 아가서 중에서 -

사람을 사람답게 자리잡아 주는 말 잘했어

《구약성서》 아가서는 솔로몬의 노래를 모아놓은 책인데 우리말로는 아름다울 아(雅)자를 써서 아가서가 되었다. 아름다운 사랑의 노래 모음집, 그 중에서 입술에 대한 찬미 부분을 모은 것이다. 이 내용을 소거하고 나서 왜 하필이면 성서의 하고 많은 내용 중에서 이런 '야한' 대목을 어록으로 소개했느냐는 질문을 받았다. 성서는 정치·경제·역사·문화·시 등등 모든 것을 망라한 종합서라 할 수 있다. 특히 영어 성경은 영어 공부를 하는 학생에게는 좋은 교재이고, 글 공부를 하는 문학도에게도 더없이 좋은 학습서이다. 이 아가서에는 이런 입술에 대한 표현말고도 여자의 목, 젖가슴, 팔, 허리, 다리, 국부, 배꼽, 머리, 눈, 코에 대한 '야한' 표현이 수두룩하다.

행복한 패배자

나이고 싶었던 나! 나는 과연 누구인가?
남들이 말하는 것이 난가?
남편이 말하는 것이 바로 난가?
목숨이 천 개라도 사랑하는 아이들과 남편에게 다 주고도
모자랄 것만 같은 마음으로,
이기는 것보다 지는 것이 더욱 좋아 바보되어 살아가는
나는
행복한 패배자가 아닌가.

- 김연수의 《사랑이 있어도 때로는 눈물겹다》 중에서 -

사람을 사람답게 자리잡아 주는 말 — 잘했어

여자는 약하지만 어머니는 강하다고 하던가? 그러나 굳이 그런 설명을 붙이지 않아도 이 땅에 살고 있는 여성들은 강하다. 남편에게, 자식에게 그토록 헌신할 수 있는 모습이 아름답다.

사나이의 삶

"사나이는 밝게 타오르는 커다란 불꽃처럼 살며
혼신을 다해 활활 불살라야 합니다.
그러면 끝내 자신은 다 타서 없어지고야 맙니다.
그러나 이러한 삶이 미미한 작은 불꽃보다 더 낫습니다."

- 존 모리슨의 《보리스 옐친》 중에서 -

사람을 사람답게 자리잡아 주는 말 잘했어

러시아 최초의 민선 대통령 보리스 옐친이 1990년 3월 《더 타임스》와 인터뷰에서 한 말이다. 그러나 그게 어찌 사나이들만의 몫인가. 무슨 일에든, 활활 타오르는 불꽃처럼 혼신을 다해 삶을 꾸려가는 태도는 남녀를 구별할 성질의 것이 아니다. 미세한 작은 불꽃으로 사는 것보다 커다란 불꽃으로 사는 열정적 모습은 경외감을 불러일으키기까지 한다.

화해와 평화를 이루는 말 "내가 잘못했어"

살아가다 보면 가까운 사람과도 다툴 때가 있다

다툼은 언제나 서로에게 상처를 낸다

상처를 얻고서야 내가 조금 양보할 걸 하고

후회하기도 하지만 이미 엎질러진 물이다

아무리 빨라도 언제나 늦다

다툼이 커지기 전에

"내가 잘못했어!" 하고 먼저 용서를 빌어보자

얼핏보면 자존심을 잃는 것 같고,

자신이 속절없이 지는 것 같지만

그 한순간만 지나면 화해와 평화의 문이 열리고,

"내가 잘못했어!"라고 말한 사람이

이기는 것을 경험하게 된다

삶이 가장 충만할 때

우리는 클라이밍 중에
자일 파트너와 언어를 초월한 얘기를 나눌 때가 있다.
이런 이심전심의 경지를 느낄 때 우리는 가장 충만해진다.
생의 희비극이 관점 차이이듯
오르막과 내리막은 클라이머의 위치 차이이다.

- 박인식의 《사람의 산》 중에서 -

화해와 평화를 이루는 말

내가 잘못했어

클라이머(바위타는 사람)들은 자일을 핏줄이라고 한다. 서로의 허리와 허리를 묶고 가파른 절벽을 오르다 한 사람이 슬립(미끄러짐)을 먹게 되면, 다른 한 명이 얼른 쥐어내려 더 이상 떨어지지 않도록 한다. 찰나의 순간, 반사적으로 몸을 던지는 것이다. 그 절박한 순간에 어떻게 말을 할 수 있겠는가? 그건 언어를 초월한 무언(無言)의 대화, 생명(生命)의 대화인 것이다. 비단 클라이밍 중이 아니더라도 이런 이심전심의 대화를 나누어 본 경험들이 있을 것이다. 이런 대화를 나누게 되면 상대방에 대한 소중함을 뼛속 깊이 느끼게 되고, 아울러 인생의 충만감을 맛보게 된다.

사랑은 한 계단씩 오르는 탑

한 계단씩 오르는 사랑의 탑
사랑은 한 계단씩
차근차근 밟고 오르는 탑
한꺼번에 점프할 생각은 아예 마셔요.
아무리 사랑에 목마르고 배고파도
서두르지 마셔요.
사랑은 밥짓는 것과 같아요.
쌀을 씻고, 앉히고, 열을 들이고, 뜸을 들이고…
속성의 밥은 문제가 있게 마련입니다.

- 정채봉의 《사랑을 묻는 당신에게》 중에서 -

화해와 평화를 이루는 말
내가 잘못했어

사랑을 계단과 밥짓기에 비유한 것이 재미있다. 모든 일이 그렇듯이 사랑도 첫술에 배부를 수 없다. 한 계단씩 한 계단씩 올라야 하고, 밥짓기처럼 모든 과정을 거쳐야 한다. 첫눈에 반했다고 해서 '기본동작'도 없이 점프할 생각을 마시라.

열여섯 살의 고통

열여섯 살 청춘은 고통을 알고 있다.
그 자신이 고통을 경험했기 때문이다.
그러나 그는 다른 사람도 고통을 겪고 있다는 사실은 잘 모른다.
느끼지 않고 아는 것은 지식이 아니다.

- 루소의 《에밀》 중에서 -

> 화해와 평화를 이루는 말
> 내가 잘못했어

루소는 프랑스 혁명에서 쿠바의 혁명에까지 영향을 미친 프랑스의 사상가이자 소설가이다. 그는 특히 후기작인 《에밀》을 통해 불평등한 사회 속에서 인간이 자립하여 살아가려면 어떤 교육이 필요한지를 역설하고 있다. 사춘기는 오직 혼자만이 겪는 고통의 시간이 아니다. 그럼에도 불구하고 타인의 고통에는 무관심하기 쉽다. 이는 어른들의 잘못이 더 크다. 왜 젊은이들이 세상을 마음껏 느끼고 표현할 수 없게 하는가? 아는 것만으로 지식이라 말할 수는 없다. 그것의 깊이와 경중을 느낄 수 있어야 진정한 지식이 될 수 있다. 불행하게도 루소의 통찰은 여전히 빛을 발하고 있다.

사람을 판단하는 기준

사람을 판단할 때에는,
그 사람에게 어떤 장점이 있느냐보다는
그가 그 장점을 어떻게 사용하고 있는가가 중요하다.

- 라 로시푸코의 어록 -

화해와 평화를 이루는 말

내가 잘못했어

아이들은 날마다 쑥쑥 자란다. 내 아이들도 그랬다. 처음 내 목소리를 알아들었을 때, 말을 했을 때의 놀라움과 기쁨이란…. 나는 아이들이 자라는 것을 보면서 젊은이는 가능성으로 똘똘 뭉쳐진 사람임을 새삼 깨달았다. 누구든지 장점을 가지고 있다. 하지만 정작 중요한 것은 그것을 어디에 어떻게 쓰느냐이다. 잘 연마된 칼이 유용한 도구가 되느냐, 흉기가 되느냐는 쓰는 이의 마음에 달려 있다.

물고기는 잠잘 때도 눈을 뜬다

물고기들은 잠을 잘 때 눈을 감지 않는다.
죽을 때도 눈을 뜨고 죽는다.
그래서 산사(山寺) 풍경의 추는 물고기 모양으로 되어 있다던가.
늘 깨어 있으라고.

- 이정하의 《내가 길이 되어 당신께로》 중에서 -

화해와 평화를 이루는 말
내가 잘못했어

잠잘 때도, 죽을 때도 눈을 뜨는 물고기로부터도 교훈을 얻게 된다. 물고기가 죽을 때까지도 눈을 뜨는 것이야 물고기 특유의 자연현상에 불과하지만, 그를 통해 "늘 깨어 있으라"는 교훈을 도출해 낸 혜안이 존경스럽다. 나는 요즘드 매일 아침 '늘 깨어 있자'고 다짐한다. 그리고 나를 흔들어 깨우는 사람들을 만나고자 부단히 애쓴다.

아름다운 청년 전태일

그대들이 아는, 그대들의 전체의 일부인 나,
힘에 겨워 힘에 겨워 굴리다 다 못 굴린
그리고 또 굴려야 할 덩이를 나의 나인 그대들에게 맡긴 채
잠시 다니러 간다네, 잠시 쉬러 간다네.

- 《어느 청년 노동자의 삶과 죽음(전태일 평전)》 중에서 -

화해와 평화를 이루는 말

내가 잘못했어

한때는 이름을 말하는 것조차 조심스러웠는데 〈아름다운 청년 전태일〉이라는 영화로 만들어지면서 낯익은 이름이 되었다. 삶을 사랑하는 방법에는 여러 가지가 있다. 현실 속에서 부딪치며 치열하게 사는 사람이 있는가 하면 죽음으로써 삶의 중요성을 깨우쳐주는 사람도 있다.

좋은 느낌들

기쁨은 비밀입니다.
날마다 기쁨을 갖는 것이 좋은 것이기 때문입니다.
기쁨의 문은 감사가 있는 사람에게 열립니다.
희망은 비밀입니다.
희망이 있다는 것은 좋은 것이기 때문입니다.
희망의 문은 오늘을 성실히 사는 사람에게 열립니다.

- 정용철의 《가슴에 남는 좋은 느낌 하나》 중에서 -

화해와 평화를 이루는 말
내가 잘못했어

마음이 따뜻한 사람은 행복하다. 따뜻함을 나눌 수 있는 마음이 있기 때문이다. 기쁨과 희망이 담긴 다음만 열면 세상의 모든 것이 아름답다.

흐르는 강물과 흐르지 않는 강물

'편안함' 그것은 경계해야 할 대상이기는 마찬가지입니다.
편안함은 흐르지 않는 강물이기 때문입니다.
'불편함'은 흐르는 강물입니다.
흐르는 강물은 수많은 소리와 풍경을
그 속에 담고 있는 추억의 물이며
어딘가를 희망하는 잠들지 않는 물입니다.

- 신영복의 《나무야 나무야》 중에서 -

화해와 평화를 이루는 말 내가 잘못했어

다시 한 번 읽어보고 싶은 책이고 입 안에서 몇 번씩 곱씹어보는 구절이다. 누군가 지금 편안함에 안주하고 있다면 그것을 박차고 일어서라. 흐르지 않는 강물에 오래 있으면 그 자신도 강물과 더불어 결국 썩고 말 것이기 때문이다.

내가 가진 모든 것

너 자신을 최대한 활용하라.
그것이 네가 가진 전부다.

- 토머스 에머슨의 어록 중에서 -

내가 잘못했어
화해와 평화를 이루는 말

개인이나 집단이 어려움에 처했을 때, 다시 일어서기 위해서는 모든 역량을 집결해야 한다. 어려움에 처할 때 맨 마지막에 남는 것은 결국 '나'이다. '나'가 어떻게 하느냐에 따라 어려움에 무너지기도 하고, 다시 일어서기도 한다. '나'가 나의 전부이고 최후 보루이다. '나'를 잃지 않으면 언제든 희망이 있다.

여자가 화를 낼 때

남자는 여자가 화가 났을 때
무조건 동의하거나 항복하기를 바란다고 생각한다.
그러나 사실 여자는
단지 자신의 기분을 배려해주기를 바랄 뿐이다.
즉 여자는 자신의 이야기에 귀기울여 주기를 원할 뿐인데도
남자는 그녀에게 맞서야 한다고 오해하는 경우가 많다.
여자의 말에 화가 날 때
남자가 감정을 억제하고 이해심을 가지고 존중해주면
여자는 그를 대하기가 한결 수월해진다.
그러나 단 한마디의 경멸적인 말이
그때까지의 모든 노력을 물거품으로 만들 수도 있다.
일단 감정이 복받치기 시작하면
남자는 그 감정을 행동으로 옮기기 전에
한 번 더 생각해 보는 것이 무엇보다 중요하다.
자신이 즉각적인 반응을 자제하고 한 번 더 생각하면

화해와 평화를 이루는 말
내가 잘못했어

두 사람 모두가 행복해진다.
그러나 그렇게 하지 못할 경우에는 둘 다 기분이 상하고 만다.
싸움에서는 이길지 몰라도 아내의 신뢰를 잃기 때문이다.

- 존 그레이의 《여자는 차마 말 못하고 남자는 전혀 모르는 것들》 중에서 -

감정을 억제하고 '즉각적인 반응을 자제'한다는 것이 말처럼 쉬운 일은 아니다. 그러나 즉각적인 반응을 일단 자제하고 나면 얻는 것이 많다는 사실을 경험하게 된다. 사람과의 관계에서 제일 중요한 것은 역시 상대방의 마음을 올바르게 읽는 것이다. 상대방을 올바르게 읽지 못하면 자신의 행동도 엇나가게 되고, 결국 두 사람 모두 감정이 뒤틀리게 된다. 여자가 화를 낼 때, 그때는 오히려 그녀의 마음을 읽을 수 있는 절호의 기회다. 같이 화를 내지 말고 그녀의 본심을 읽는 기회로 활용하라.

침묵하고 혼자가 되어라

네가 집 밖으로 나가야 할 필요는 없다.
네 책상에 머물러 귀를 기울이라.
귀를 기울일 필요도 없이, 단지 기다리라,
기다릴 필요도 없이, 단지 절대적으로 침묵하고 혼자가 되어라.
네가 실제를 벗기도록.
세상은 스스로를 제공하고자 네게 다가올 것이다.
세상은 달리 어떻게 해볼 도리가 없이
희열로 너에게 몸을 비틀 것이다.

- 카프카의 《원죄에 대한 명상》 중에서 -

화해와 평화를 이루는 말
내가 잘못했어

"침묵하고 혼자가 되어라"는 것은 세상과 등지라는 뜻이 아니다. 가볍게 말하고 즉흥적으로 행동하지 말고, 혼자 자신을 돌아보는 수양의 중요성을 일깨워주는 말이다. 쓸데없는 욕심을 내거나, 성급히 판단하거나 경솔하게 행동하지 않도록 자신을 가다듬으라는 의미다. 그렇게 하다 보면 욕심을 내지도 않았는데 뜻밖의 기회가 오게 되고, 남에게 필요한 사람이 된다. 그리고 세상을 관조할 수 있는 사람이 되어 가는 모습도 발견하게 된다.

발바닥 가운데가 오목한 이유

굽이 없는 신발을 신고 다니던 옛날,
자기가 꿰매는 신발에
수많은 곤충이 밟혀죽는 게 걱정이 되어
잠 못 이루는 사람이 있었다.
그는 매일 기도를 했다.
"아무런 죄도 없이 생명을 잃는 안쓰러운 곤충의 영혼과
무심코 어린 생명을 짓밟는 눈 못 뜬 발바닥을 용서해 주세요."
그러던 어느 날
그는 발바닥 한가운데가 오목한 이유를 깨달았다.
"그래, 바로 이거야!"
무릎을 탁 친 그는
그날부터 낮고 조그마한 뒤축을 달기 시작했다.
그로 인해 사람들은 더욱 예쁘고 편안한 신을 신게 되었다.
그의 예지는 신(神)의 뜻이었기에 순식간에 전 세계에 퍼졌다.
신발에 깔려죽는 어린 생명들이 삼분의 일쯤 줄어들었으며

화해와 평화를
이루는 말
내가 잘못했어

그로 인해 늘어난 곤충이며 새싹은 결국,
사람들에게 풍요로운 삶을 되돌려 주었다.

- 이정록의 《발바닥 가운데가 오목한 이유》 중에서 -

시인은 "자기가 꿰매는 신발에 수많은 곤충들이 밟혀죽는 게 걱정이 되어 잠 못 이루는 사람"이 발바닥 가운데가 오목한 이유를 깨닫듯 일상의 사소한 것들이 보여주는 말 없는 가르침을 이야기하고 있다. 우리는 그 말 없는 가르침을 보지 못하고 있는 것은 아닌가? 성서에도 "어린아이와 같지 않으면 천국에 갈 수가 없다"는 구절이 있다. 어린아이의 때묻지 않은, 그 순결함에서 나오는 기발한 착상이 미소를 머금게 하는 얘기다.

길은 많다, 그러나 자기 길은 하나다

길은 많다.
그러나 그 많은 길을 다 가보기에는 생이 너무 짧다.

- 롤랑 퀴볼러의 《한 번뿐인 삶을 사랑하는 법》 중에서 -

화해와 평화를 이루는 말

내가 잘못했어

가보지 않은 길을 평생 그리워한다는 말이 있다. 또 사람들은 자기가 가는 이 길이 아닌 다른 지름길이 있을 것이라는 생각들을 하는 경우도 적지 않다. 길은 많다. 그러나 명백한 것은 그 모든 길을 갈 수 없다는 사실이다. 내가 선택한 길, 이 길만을 열심히 걷기에도 벅찬 일이다. 자기가 갈 길을 선택했으면 주저주저하지 말고 힘차게 가라. 거기에 자기만의 길이 있다.

마이너스를 플러스로 바꾸는 힘

인간의 가장 놀라운 특성은
마이너스를 플러스로 바꾸는 힘이다.

- 알프레드 애들러의 어록 -

화해와 평화를 이루는 말
내가 잘못했어

세상의 위대한 성공자들은 거의가 핸디캡을 지니고 있었기 때문에 성공했다. 《실락원》을 쓴 밀턴은 장님임에도 불구하고 훌륭한 시를 썼고, 베토벤은 귀머거리임에도 불구하고 뛰어난 작곡을 했다는 사실에 주목할 필요가 있다. 이런 성공자들의 예는 숱하게 많다. 그들은 자신의 핸디캡이나 불행을 플러스로 바꿀 줄 안다. 뺄셈을 덧셈으로 바꾸는 것이야말로 모든 성공의 열쇠다. 요즘 우리에게 필요한 인생의 지침이 되었으면 하는 바람이다.

남부러워 안하는 연습

"내 경험인데, 남을 부러워한 끝은 참 우울해져.
그래서 어느 날 생각했어. 그 결과는 무엇일까?
신이 내린 한 인간 김영희는 혹은 유진이는
그리고 바깥 이웃 갑돌이의 존재는 무엇인가 하고.
우리가 혜택받은 참 다른 성격, 참으로 다른 취미,
참으로 다른 모양새에 스스로 긍지를 느끼며 쓰다듬어야 했어.
남부러워 안하는 연습을 하니까 서서히 좋은 작품도 나오데."

- 김영희의 《밤새 훌쩍 크는 아이들》 중에서 -

화해와 평화를 이루는 말

내가 잘못했어

모방이 창조의 어머니가 되듯, 남을 부러워하는 것이 자기 발전의 원동력이 될 수도 있다. 그러나 김영희 씨의 체험에 따르면 남을 부러워한 대부분의 경우, 그 끝은 언제나 우울함이었다. 사람은 누구에게나 자기만의 무엇이 있다. 그러나 문제는 곧장 자기의 그 무엇에 대해서는 업수이 여기고, 남의 것을 부러워하기 쉽다는 것이다. '남부러워 안하는' 습관이 자긍심을 살리는 첫걸음이다.

사람을 바꾸는 비법

사람을 바꾸는 것보다
환경을 바꾸는 것이 빠르고 현명한 법이다.
기성세대들은 언제나 사람을 바꾸려고 안간힘이다.
혼내고 회유하다가
결국은 사람을 놓치거나 바보로 만들어버린다.

- 정문술의 《왜 벌써 절망합니까》 중에서 -

화해와 평화를 이루는 말
내가 잘못했어

전미래산업 정문술 사장의 말에 따르면 '사람의 꼴'을 잘 볼 수가 있는 경영자가 좋은 경영자다. 예전에는 경영자의 취향에 직원들이 맞춰서 스스로를 바꿔나가야 했지만 지금은 반대로 경영자가 직원들의 취향을 인정하고 그것을 배려해주어야만 한다는 것이다. 사장은 한 명이고 직원은 여럿인데 한 사람에게 여러 사람이 맞추게 되면 여러 사람의 다양한 재능들이 죽게 되기 때문이라는 것이다. 이것은 단순히 경영자에게만 해당되는 말은 아닐 것이다. 모든 리더들이 갖추어야 할 자질이다.

모든 것 덮어
하나 되게 해주는 말
우리는

"우리는", 신비스런 힘이 담긴 말이다

"우리는", 너와 내가 만나 하나임을 깨닫게 하는,

술 한잔 나눠 먹고 어깨동무하는,

마음껏 울고 싶고 소리치고 싶을 때 함께 있는,

홀로 환한 북극성보다

어우러져 넘실대는 은하수이고 싶은,

마주잡은 손으로 깊어지는,

너이고자 하는 나이다

사랑을 일부러 만들지 말라

사랑하는 사람을 가지지 말라.
미운 사람도 가지지 말라.
사랑하는 사람은 못 만나서 괴롭고
미운 사람은 만나서 괴롭네.
그러니 사랑을 일부러 만들지 말라.
사랑이 미움의 근원이 되기 쉽다.
사랑도 미움도 없는 사람은
모든 구속과 근심이 없네.

- 법정의 《서 있는 사람들》 중에서 -

> 모든 것 덮어
> 하나되게 해주는 말
> 우리는

모든 것으로부터 자유로울 수 있는 사람이 과연 몇 명이나 될까? 사랑도 미움도 없는 사람은 모든 구속과 근심이 없다지만 그래도 사람들은 서로를 사랑하고 미워하며 살아가고 있다. 어쩌면 이것이 사람 사는 세상의 순리일는지 모른다.

가짜의 종류

가짜에는 두 가지 종류가 있다.
진짜처럼 꾸며놓은 가짜와 진짜처럼
행세하는 가짜가 그것이다.
꾸며놓은 가짜에게 속았을 경우보다
행세하는 가짜에게 속았을 경우가 한결
비애감을 짙게 만든다.
전자는 물건에 대한 절망을 가져다 주지만
후자는 인간에 대한 절망을 가져다 주기 때문이다.

- 이외수의 《감성사전》 중에서 -

모든 것 덮어 하나되게 해주는 말 우리는

정말 가짜가 판을 치는 세상이다. 그러나 이를 남의 탓으로만 돌릴 수는 없다. 나도 가짜 물건을 만들어내고, 가짜로 행세하는 경우가 많으니까…. 가짜는 어떤 종류의 것이든 세계 질서와 인간관계를 해친다. 가짜를 구별할 줄 아는 혜안을 갖자. 그리고 가짜가 되지 않도록, 가짜로 취급되지 않도록 노력하자.

다른 사람과 사귀기 위한 필수조건

자기 자신에게 집중할 수 있는 능력은
다른 사람에게 주의를 쏟을 수 있는 능력에 앞서
꼭 필요한 조건이다.
또한 자기 자신을 편안하게 느낀다는 것이
다른 사람과 사귀기 위한 필수조건이다.

- 에리히 프롬의 《도덕과 정신분석》 중에서 -

모든 것 덮어 하나되게 해주는 말 우리는

흔히 집중력 하면 어떤 대상에 몰두하는 것을 말한다. 그런데 프롬은 자기 자신에게 먼저 집중할 줄 알아야 한다고 충고한다. 자기를 응시하고 스스로 내면의 충만함을 얻는다면 남을 이해하는 것도 훨씬 수월해지기 때문이라는 것이다. 이따금 남들의 행동이 불편하게 느껴지면, 거꾸로 생각해보자. 나의 행동, 나의 판단이 올바른 것인가? 내가 행여라도 남을 불편하게 하고 있는 것은 아닌가. 생각해보라.

죽음이란

"죽음은 생명이 끝나는 것이지, 관계가 끝나는 것은 아니네."

- 미치 앨봄의 《모리와 함께한 화요일》 중에서 -

모든 것 덮어 하나되게 해주는 말 우리는

이 구절은 죽음을 앞둔 모리 교수가 저자인 미치 앨봄에게 들려준 말이다. 죽음이 곧 모든 것과의 단절이 아니라는 이 한마디가 얼마나 강렬했는지 지금도 그 순간의 느낌이 생생하다. 모리 교수는 루게릭 병이라는 희한한 질병에 걸려 극심한 고통 속에서 죽어갔다. 그러나 그는 자신의 불운을 비관하지 않고 의연하게 죽음을 맞았다. 육신을 잃음으로써 명이 끝났지만 그가 이룩해 놓은 많은 '관계'들은 여전히 살아움직이는 것을 그는 확신했기 때문이다. "사람이 죽는다"는 것의 의미를 다시 생각하게 만들었다.

'레모라'라는 이름의 고래

'레모라'라는 이름의 고래는
아무리 큰 배라도 가지 못하게 막아버린다고 한다.
옛날 바다에 배를 띄우는 사람은 폭풍보다도
이 레모라라는 고래를 더 무서워했다.
이 레모라라는 훼방꾼이 우리 마음에도 가끔 나타난다.
돌이나 쇠라도 뚫을 듯한 불칼 같은 의지와 정열도
그 훼방꾼에게 부닥치면 중단되고 만다.
사람 마음속에 있는 '레모라'는 바로 태만, 게으름이다.
게으른 마음이 한번 머리를 쳐들면 힘찬 정열도 삼켜버린다.

- 라 로시푸코의 어록 -

> 모든 것 덮어
> 하나되게 해주는 말
> 우리는

우리에게 게으름처럼 해롭고 치명적인 습관은 없다. 그럼에도 불구하고 게으름처럼 끊기 어려운 습관도 없다. 게으름은 게으른 사람 본인보다는 그 주변에 있는 사람들을 더 괴롭히고 힘들게 한다. 그런데도 정작 게으른 사람은 자신이 힘들거나 불편한 것을 못 느끼기 때문에 자신의 게으름을 고쳐야 할 필요성을 느끼지 못한다. 자신에게도, 주변 사람에게도 결국 해가 된다는 것을 인식하지 못하면서 게으름은 깊어가게 된다. 게으름은 고치기 힘들지만, 그렇기 때문에 반드시 고쳐야 한다.

즐거운 상처

사람은 누구나 상처를 입는다.
어떤 이는 한 번의 상처로도 생애를 고통 속에서 살아간다.
또 어떤 이는 거듭되는 상처에도 다시 일어서고
또 어떤 이는 상처를 즐기기도 한다.

- 하창수의 《죽음과 사랑》 중에서 -

모든 것 덮어 하나되게 해주는 말 우리는

상처를 두려워 말라는 메시지가 담긴 글귀이다. 상처는 어떻게 치유하고 극복하느냐에 따라 오히려 인생의 좋은 자산이 될 수 있다. 상처를 즐기는 정도까지는 아니더라도 상처받는 것을 걱정해 장미꽃을 따지 못하는 어리석음을 범해서는 곤란하다.

나폴레옹의 인생철학

행동의 씨앗을 뿌리면 습관의 열매가 열리고,
습관의 씨앗을 뿌리면 성격의 열매가 열리고,
성격의 씨앗을 뿌리면 운명의 열매가 열린다.

- 나폴레옹의 어록 중에서 -

모든 것 덮어
하나되게 해주는 말
우리는

코르시카의 촌뜨기로 태어나 인류의 역사를 바꾸어 놓은 나폴레옹. 그는 한 인간의 커다란 운명을 결정짓는 것은 아주 사소한 행동과 습관에서 비롯된다고 말했다. 사람들은 흔히 자기에게 다가올 운명이나 이미 들어선 운명을 바꾸려고 애쓴다. 자신의 몸에 배인 습관을 바꾸려는 노력은 잊은 채.

지조 없는 지도자

지조가 없는 지도자는 믿을 수가 없고,
믿을 수 없는 지도자는 따를 수가 없다.
자기의 명리(名利)만을 위하여
그 동지와 지지자와 추종자를
하루아침에 함정에 빠뜨리고 달아나는
지조 없는 지도자의 무절제와 배신 앞에
우리는 얼마나 많이 실망하였는가.
지조를 지킨다는 것이 참으로 어려운 일임을 아는 까닭에
우리는 지조 있는 지도자를
존경하고 안심하고 믿을 수 있는 것이다.

- 조지훈의 《지조론》 중에서 -

모든 것 덮어 하나되게 해주는 말 우리는

지조는 '믿음'과 통한다. 지조 없는 사람과 사랑하는 것만큼 불행한 일도 없다. 지조 없는 정치가를 만난 그 시대의 민족과 국가도 마찬가지다.

자유로운 사람

자유로운 사람이란
제멋대로 구는 오만스러움 없이 사랑할 줄 아는 사람을 말한다.
현상을 믿고 사는 사람이다.
즉, 너와 나는
사실적 이중성으로 맺어진 현실적 결합임을 인정한다는 말이다.
숙명을 믿으며 숙명이 자신에게 필요하다고 긍정하는 사람이다.

- 마르틴 부버의 《나와 너》 중에서 -

모든 것 덮어 하나되게 해주는 말
우리는

도대체 인간이란 무엇일까. 끊임없이 자유를 추구하는 존재는 아닐까. 그렇다면 그 자유를 얻는 방법은 무엇일까. 이런 고민을 한 번이라도 해본 사람이라면 마르틴 부버의 말은 한가닥 좋은 실마리가 될 수 있을 것이다. '오만을 버리고 사랑할 줄 아는 마음', 이는 자기를 낮춘 마음으로 사랑한다는 말일 것이다. 결국 인간을 자유롭게 만드는 것은 자신을 낮추는 것이다.

스님이 잠깐 자리를 비운 뜻은

어느 선종(禪宗)의 사찰(寺刹)에
문외불출(門外不出)의 문서가 있었다.
그런데 면학열심(勉學熱心)한 어느 문도(門徒)가 스님을 찾아와서
꼭 그것을 보여달라고 청했다.
그 문서는 대단히 중요한 고문서이기 때문에
절의 규칙상 보여 줄 수 없다고 스님은 거절하였다.
그러나 찾아온 문도는 기어이 보아야겠다고 했다.
그러자 스님은 볼 일이 있어서 잠깐 실례한다면서 자리를 비웠다.
문서를 눈앞에 둔 채로 나갔던 것이다.
자리를 비웠다는 것은
자기가 없는 사이에 보고 싶으면 보라고 하는 신호이다.
규칙만 고집하면서 융통성 없이 교과서식대로 행동한다면
이런 응수(應酬)가 나올 수 없는 것이다.

- 호소카와 모리히로의 《권불십년》 중에서 -

모든 것 덮어 하나되게 해주는 말 우리는

대인(大人)의 풍모와 여유를 엿보게 하는 일화다. 기자생활을 하다보면 '면학열심한 문도'와 같은 처지가 되는 경우가 많다. 그때마다 여러 유형의 대응방식을 경험하게 되는데 더러 위의 스님 같은 인물도 만나게 된다. 그러면 그는 평생 잊을 수 없는 은인이 된다. '멋쟁이'로도 남는다.

생활의 규칙

오전에는 전화를 받지 말며
하루를 부정적인 생각이나 상상 속의 고민으로 시작하지 말것,
돈을 버는 데 하루 온종일과 일 년을 몽땅 바치지 않을 것.

- 헬렌 니어링의 《조화로운 삶》 중에서 -

> 모든 것 덮어
> 하나되게 해주는 말
> 우리는

헬렌 니어링의 《조화로운 삶》을 번역 중이던 류시화 시인이 그가 자신의 체험 속에서 얻은 생활의 규칙을 소개했다. 평범한 사람들과 조금은 다르지만, 하루를 부정적인 생각으로 시작하지 않는다든가, 또 돈을 버는 일에 온종일과 일 년을 몽땅 바치지 않을 것 같은 부분은 충분히 공감하는 부분이다. 어느 곳을 향해 질주를 하는 것도 중요하지만, 가끔씩 질주를 검추고 고요 속에서 자신의 삶을 바라보는 일도 조화로운 삶을 만들어가는 일이라는 생각이 든다.

한 웃음이 다른 웃음에게

캘커타에서 저는 배웠습니다.
웃음은 다른 웃음을 보고 배우는 것이라는 사실을 배웠습니다.
어린아이들은 가르쳐주지 않아도 잘 웃습니다.
엄마 아빠와 모든 사람들이 보살피고 사랑해주기 때문에,
어린아이들은 행복합니다.
그래서 배우지 않고도 잘, 참 아름답게 웃습니다.

- 조병준의 《제 친구들하고 인사하실래요?》 중에서 -

모든 것 덮어 하나되게 해주는 말 우리는

이 책의 부제는 '오후 4시의 평화'이고 제목 밑에는 '캘커타의 천사들, 마더 테레사의 집에서 만난 친구들 이야기'라는 조그만 글귀가 딸려 있다. 이쯤이면 책 내용이 대충 짐작갈 것이다. 인용구는 지은이 조병준이 인도의 빈민구호시설에서 자원봉사자로 일하며 만난 친구들, 그 중에서 로르라는 프랑스 처녀를 소개한 대목에서 따온 구절이다. 웃는 모습이 너무나 아름다워 보는 사람들까지 행복하게 만드는 처녀였다고 한다. 그렇지만 행복은 짧다. 조병준은 일단 불행이 찾아오기 시작하면, 그때부터 웃는 법을 배워야 한다고 썼다. 어떻게? 웃는 사람들을 보고 배우면 된다.

만남

삶 전체에 있어서 가장 참된 것은 만남이다.

- 마르틴 부버의 《나와 너》 중에서 -

모든 것 덮어 하나 되게 해주는 말 우리는

나는 직업상 참 많은 사람들을 만나 보았다. 많은 사람들을 통해 그만큼 다양한 세상을 보게 되었다. 좋은 만남만큼이나 좋지 않은 만남도 있었다. 그러나 아무도 만나지 않았다면 나는 아무것도 되지 못했을 것이다.

2등이면 어때

1979년, 브랜다이스 체육관에서 농구 경기가 벌어지고 있다.
우리 팀이 잘 뛰자, 학생들은 한 목소리로 응원 구호를 외친다.
"우리가 1등! 우리가 1등!"
모리 교수님이 부근에 앉아 있다.
그는 이 구호에 어리둥절해 한다.
그래서 "우리가 1등!" 하고 외치는 중간에,
벌떡 일어나서 그는 소리친다.
"2등이면 어때?"
학생들이 그를 바라본다.
그들은 구호 외치기를 멈춘다.
선생님은 앉아서 승리에 찬 미소를 짓고 있다.

- 미치 앨봄의 《모리와 함께한 화요일》 중에서 -

모든 것 덮어 하나 되게 해주는 말 우리는

미국이나 우리나 1등에 열광하기는 마찬가지인가 보다. 그런데 스승인 모리 교수는 "2등이면 어때?"라고 반문한다. 1등보다 멋진 2등, 더 훌륭한 3등, 최선을 다한 꼴찌도 분명히 있음을 아는 스승임에 틀림없다.

다음부턴 잘해

중학교 때 반성문을 쓸 때 이렇게 딱 한 줄만 썼어.
"선생님 사랑합니다."
이것을 본 우리 선생님, 순간 어이없다는 표정을 지으시더니
"다음부턴 잘해."라는 한마디만 하시더라구.
역시 우리 담임 선생님도 사랑엔 약하시더라구.

- 지병주의 《인생의 반은 만나는 거래 나머지 반은 헤어지는 거래》 중에서 -

모든 것 덮어 하나되게 해주는 말 우리는

반성문은 용서의 조건이다. 선생님이 반성문을 쓰라고 할 때는 "용서할 준비가 되어 있다"는 표시이기도 하다. 그렇다고 해서 반성문을 함부로 쓰면 안 된다. 용서할 준비가 되어 있는 사람에게 배신감을 안겨주고 '용서할 마음'을 사라지게 할 수도 있기 때문이다. 반성문의 요체는 정직과 진실이다. 정직하고 진실하게 고백하고 반성하면 아무리 큰 잘못을 저질러도 용서받게 된다. "선생님 사랑합니다."로 요약된 반성문에는 다음의 진실과 함께 위트가 가미되어 있다.

잠자는 뇌세포를 깨우려면

나는 한 가지 문제를 택하면
처음부터 남보다 두세 배의 시간을 들일 각오로 시작한다.
인간은 140억 개나 되는 뇌세포 중에서
보통 10퍼센트, 많아야 20퍼센트밖에 사용하지 않는다고 한다.
잠자고 있는 세포들을 사용하기 위해서는
남보다 두세 배의 시간을 투자할 수밖에 없다.
적어도 나는 그 방법밖에 없다고 생각한다.
또 그것이 보통 두뇌를 가진 인간이 할 수 있는
유일한 최선의 방법이라고 믿고 있다.

- 히로나카 헤이스케의 《학문의 즐거움》 중에서 -

모든 것 덮어 하나 되게 해주는 말 우리는

군대생활 때의 일이다. 어느 조교가 "힘은 쓸수록 난다"는 말을 입버릇처럼 했다. 그는 병사들이 기진먹진해 더는 움직일 수 없게 되었을 때 이 말을 하면서 닥달을 하곤 했다. 그런데 신기한 것은 아무리 기진맥진해 있는 상황에서도 힘은 역시 쓸수록 나온다는 사실이다. 머리도 마찬가지다. 머리를 쓸수록 좋아진다. 그럴 수밖에 없다. 머리를 쓰지 않으면 140억 개나 되는 세포 중에서 겨우 10퍼센트밖에 사용하지 못하게 되기 때문이다. 80~90퍼센트의 뇌세포는 무용지물이 되고 마는 것이다. 아까워하지 말고 머리를 쓰자.

세상에서 가장 귀한
보배로운 말
친구여

지치고 힘겨울 때마다 가만히 불러본다

"친구여!" 네가 있으므로 내가 있고,

내가 있으므로 네가 있는 존재

언제나 내 편이 되어주는 영원한 나의 분신

함께 지나온 시간들이 귀하고 정겹다

더러는 쉬 다투고 토라졌지만

언제나 제자리로 돌아와 다시 '우리' 가 된다

가슴 한켠 허전할 때마다 다시 불러보는

"친구여!"

향기와 냄새

향기가 멀리 간다고 해서 다 아름다운 꽃은 아니야.
향기란 오래 머무르지 않고
살짝 스쳐 사라져야만 진정한 향기야.
무조건 멀리 간다고 해서 진정한 향기가 아니야.
향기란 살짝 스쳐 사라짐으로써 영원히 존재하는 거야.
향기가 사라지지 않고 있으면 그것은 냄새에 불과해.

- 정호승의 《당신의 마음에 창을 달아드립니다》 중에서 -

세상에서 가장 귀한
보배로운 말
친구여

자연으로부터 아름다운 향기를 느낄 수 있다는 것은 행복한 일이다. 꽃과 나무와 바다와 산…. 그러나 자연이 주는 향기보다 사람에게서 느껴지는 향기가 소중하게 느껴질 때가 있다. 그것이 어떤 여운을 남겨 줄 때엔 더더욱 그렇다. 사람은 누구에게나 그 사람만이 내는 체취가 있다. 그 체취가 냄새에 불과할지, 아니면 영원히 존재하는 향기가 될지는 전적으로 그 사람의 몫이다. 살짝 스쳐 지나가는 향기를 내자. 향기 나는 사람이 아름답다.

진흙 속의 진주처럼

로마의 시인 터틀리언은
"햇빛은 하수구까지 고르게 비추어 주어도
햇빛 자신은 더러워지지 않는다"고 하였다.
훌륭한 사람은 진흙 속에 있는 진주와 같아서
주위 환경에 오염되지 않으며
또 금방 알아낼 수 있다는 뜻이다.

- 김방이의 《천년의 지혜가 담긴 109가지 이야기》 중에서 -

세상에서 가장 귀한 말
보배로운 말
친구여

주위 환경에 오염되지 않는다는 것은 정말 쉽지 않은 일이다. 살다 보면 자의든 타의든 자신의 색을 잃어버릴 때가 있다. 그러나 그런 때일수록 햇빛처럼, 진주처럼 결코 주위 환경에 오염되지 않는 사람이 되었으면 좋겠다.

별난 직업

세상에는 참 별난 직업도 많습니다만
미국에서 발표된 자료에서 특이한 것을 소개해보겠습니다.
메트리스 워커는 침대요의 부드러움을 조사하기 위해
매일 8시간씩 맨발로 요 위를 밟고 다니는 직업이다.
수염닦기는 지하철 광고 등의 미인 사진에
장난으로 그린 수염을 닦는 직업이다.
구두 길들이기는 걸어 다니는 바쁜 우체부들을 위해
구두를 길들여 주는 직업이다.
우표빨기는 우표나 봉투를 붙일 때 혀를 빌려주는 직업이다.
접시깨기는 접시의 강도를 시험하기 위해
하루종일 접시를 깨는 직업이다.
낮잠자기는 미국의 남부 어떤 도시에서는 그 도시가 평온하고
살기 좋은 곳임을 보여주기 위해
흑인 소년을 고용하여 낮잠을 자게 한다.

- 김양일의 《따스한 삶의 향기》 중에서 -

세상에서 가장 귀한
보배로운 말
친구여

그리고 이 자료는 맨 마지막에 '그들에게 삼가 경의를 표합니다' 라고 인사말을 달고 있다. 조금만 세상을 자세히 보면 우리가 모르는 많은 직업인들이 세계의 역사에 기여하고 있다. 어느 직업이든 귀하고 값지다.

당신의 가슴

당신 가슴에 안기면 이 세상 모든 것이 사라집니다.
세상에는 나를 안아주고 있는 당신이 있을 뿐입니다.
그렇게 당신에게 안겨 있으면
아무에게도 내가 안 보일 거라는 생각이 들곤 했습니다.

- 은희경의 〈그녀의 세 번째 남자〉 중에서 -

친구여, 세상에서 가장 귀한 보배로운 말

어린아이는 포화 속에서도 어머니 품에 안기면 태평스럽게 잠을 잘 수 있다. 아이의 얼굴에는 세상의 근심걱정이 사라지고 무한한 편안함과 따뜻함이 있을 뿐이다. 사랑은 '당신의 가슴'에서 나온다. '당신의 가슴'이 있는 한 나는 편안하고 따뜻하다. 근심걱정 없이 잠들 수 있다.

행복의 삼위일체

"헤이, 준. 그건 아주 간단해.
이 일을 하면 우선 내가 행복하거든.
그리고 내가 조금 도움을 주는
저 아프고 가난한 사람들도 아마 조금은 행복할 거야.
그러면 저 위에서 세상을 보고 계시는 그분께서도
행복해하시지 않겠어?"

- 조병준의 《제 친구들하고 인사하실래요?》 중에서 -

세상에서 가장 귀한 보배로운 말 친구여

조병준이 "왜 자원봉사자로서 살아가느냐?"고 묻자 친구인 안디가 대답한 말이다. 행복의 삼위일체. 내가 행복하고, 다른 사람이 행복하고, 나아가 내가 섬기는 '그분'이 행복해지는 것. 이를 위해서 '일단 내가 행복해져야 한다. 그래야 내 행복의 분량만큼 내가 사는 세상의 행복이 불어난다'는 생각에 크게 공감했다.

항해의 방향을 결정하는 것

한 방향으로 바람이 불지만 어떤 배는 동쪽으로 향하고
어떤 배는 서쪽으로 향합니다.
거대한 바다에서 항해의 방향을 결정하는 것은
바람의 방향이 아니고
각각의 배에 달려 있는 돛입니다.

- 김인경의 《지치고 힘들 때 읽는 책》 중에서 -

친구여

세상에서 가장 귀한 보배로운 말

아무리 힘든 일이라도 그것을 극복해나가는 것은 환경이 아니라 자신의 의지이다. 돛이 배를 지켜주는 유일한 희망인 것처럼 사람을 지켜주는 유일한 희망은 자신의 의지이다. 자신의 의지만이 운명의 향방을 결정해준다.

결코 위대해질 수 없는 사람

인간은 위대해지지 않고서도
자유로울 수 있습니다.
그러나
자유롭지 못하면서
결코 위대해질 수는 없습니다.

- 칼린 지브란의 《보여줄 수 있는 사랑은 아주 작습니다》 중에서 -

> 세상에서 가장 귀한
> 보배로운 말
> 친구여

자유로울 때 위대한 창작물이 나온다. 위대한 생각도 자유로울 때 가능하다. 자유를 얻는 것이 무엇보다 중요하다.

부부간에도 대화의 기술이 필요

부부 사이의 바람직하지 않은 대화태도 10가지는 다음과 같다.
첫째 : 회피형은 방을 떠나거나 잠을 자버리거나 바쁜 척하는 사람,
둘째 : 가짜 적응형은 양보하거나 아무 일도 아닌 것 같이 행동하는 사람,
셋째 : 주제변경형은 대화가 갈등영역에 접근할 때마다 주제를 바꾸는 사람,
넷째 : 상대 마음을 엉터리로 읽는 형은 상대방의 마음을 다 읽고 있다는 태도를 취하는 사람,
다섯째 : 보따리를 메고 다니는 형은 화가 났을 때 바로 표현하지 않고 차곡차곡 보따리 속에 쌓아 두었다가 한꺼번에 마구 퍼 붓는 사람,
여섯째 : 허리 아래를 치는 형은 상대가 가장 민감하게 생각하는 약점 즉, 외모, 가정배경, 과거의 행동 등을 들추는 사람,
일곱째 : 움켜쥐는 형은 분노를 직접 표현하는 대신 밥을 안 해주거나 성행위를 거부하거나 인사를 안하는 등 상대가 원하는 행동을 움켜쥐고 놓아주지 않는 사람,

세상에서 가장 귀한
보배로운 말
친구여

여덟째 : 항상 옳다고 주장하는 형은 상대의 말을 전혀 들으려 하지 않고 무조건 자신이 옳다고 말하는 사람,
아홉째 : 애정 고집형은 '우리가 정말 사랑한다면 이런 게 뭐가 문제야' 식으로 사랑이 모든 걸 해결해준다고 주장하는 사람,
열째 : 비위만 맞추는 형은 상대의 비난을 견디지 못해 항상 기쁘게만 해주려고 하는 사람.

-1997년 10월 18일자 〈중앙일보〉에서 -

이런 글을 대할 때마다 나는 어디에 해당하는 것일까. 아마도 대개의 경우 어느 특정한 형에 고정되기보다 상황과 경우에 따라 다르지 않을까 싶다. 어느 날은 회피형이 되었다가 가짜 적응형이 되기도 하고…. 내 경우, '주제변경형'이 아니라 '주제 고집형'이다. 어느 한 문제로 갈등이 생기면 그 문제로 갈등이 해소될 때까지 매달리는 스타일이다. 가까운 사이일수록 대화의 기술이 필요하다는 사실을 되새겨보게 된다.

지혜와 빛

지혜와 빛은 서로 비슷한 점이 많다.
풍경이 빛에 따라
무수하고 다양한 모습의 아름다움을 보여주는 것처럼
사람도 지혜를 통해
인생을 다양한 각도로 보게 되며 교훈을 얻게 된다.

- 쇼펜하우어의 《희망에 대하여》 중에서 -

세상에서 가장 귀한 보배로운 말 친구여

그렇다면 어떻게 지혜를 얻을 수 있을까? 지혜는 저절로 얻어지지 않는다. 흔히들 세월과 경험이 느는 만큼 지혜로워진다고 한다. 하지만 반드시 그렇지는 않다. 노욕을 추스리지 못해 낭패를 보는 사람도 많다. "사람은 자기가 사랑하는 사람에게서만 배운다"는 말이 있다. 사랑할 수 있는 대상이 어디 사람뿐이겠는가? 지혜는 무엇으로부터 건 사랑하는 만큼 얻을 수 있다.

후쿠자와 유키치의 7훈

일본 게이오 대학의 설립자이자
일본 근대화의 정신적 지주였던 후쿠자와 유키치는
마음에 새겨두어야 할 가르침을 남겼습니다.
흔히들 '후쿠자와 유키치 7훈' 이라고 합니다.
"세상에서 가장 즐겁고 멋진 일은
일생을 바쳐 할 일이 있다는 것이다.
세상에서 가장 비참한 것은 인간으로서 교양이 없다는 것이다.
세상에서 가장 쓸쓸한 것은 할 일이 없다는 것이다.
세상에서 가장 추한 것은 타인의 생활을 부러워하는 것이다.
세상에서 가장 존귀한 것은 남을 위해 봉사하고
결코 보답을 바라지 않는 것이다.
세상에서 가장 아름다운 것은 모든 사물에 애정을 갖는 것이다.
세상에서 가장 슬픈 것은 거짓말하는 것이다."

- 김양일의 《따스한 삶의 향기》 중에서 -

세상에서 가장 귀한 말
보배로운
친구여

후쿠자와 유키치는 일본인들이 마음속으로 섬기는 정신적 지주라고 한다. 그가 말한 7훈은 참으로 쉽고 상식적인 것이다. 이것이 나를 놀라게 했다. 무슨 거창한 구호가 아니었기 때문이다. 세상을 변화시키는 것은 토끼몰이식의 구호나 운동이 아니다. 그저 상식을 믿고 지키는 것이다.

감아야 뜨이는 눈

나는 보기 위해 눈을 감는다.

- 폴 고갱의 어록 -

세상에서 가장 귀한
보배로운 말
친구여

잘 알려진 대로 고갱은 프랑스의 후기 인상파 화가이며 조각가였다. 그는 풍속화, 로마네스크 조각, 민속공예 등에 관심을 보였으며 이를 토대로 새로운 화풍을 이룩했다. 그의 그림에 투사된 주제의식과 화면구성, 강한 색채 등은 다른 화가들에게 많은 영향을 끼쳤다. 특히 현대회화에 준 영감은 적지 않다. 고갱의 그림에 넘치는 은유와 상징은 눈으로 볼 수 있는 게 아니다. 보이는 것에 갇히면 정작 보아야 할 것을 놓치게 된다. 눈을 감아야 눈이 뜨인다는 고갱의 말에서 전율 같은 것을 느낀다.

사랑의 고통

궁금합니다.
언젠가 윗옷의 단추가 덜렁거릴 때
바늘로 정성껏 꿰매주던 그대,
찢겨진 내 마음은 왜 이대로 내버려두는지.
그다지 슬프지 않은 영화에도 눈물짓던 그대,
사랑을 잃어버린 슬픔에 싸인 날 위해선 왜 울어주지 않는지.
자신보다 남을 더 챙겨줄 줄 알던 그대,
그대를 그리워하다 지쳐
하루를 마감하는 나는 왜 외면하며 모른 척하는지.

- 헤르만 헤세의 〈사랑〉 중에서 -

세상에서 가장 귀한
보배로운 말

친구여

백 명의 사랑을 구하는 것보다 진정 자기가 사랑하는 한 사람의 마음을 얻는 일이 더 소중하다. 그러나 사랑은 많은 궁금증과 고통을 수반한다. 헤르만 헤세의 시구에서 사랑의 기쁨과 고통을 함께 읽는다.

희망

희망은 절대로 당신을 버리지 않는다.
다만 당신이 희망을 버릴 뿐이지.

- 리처드 브리크너의 《망가진 날들》 중에서 -

세상에서 가장 귀한 말 보배로운 친구여

이 소설은 사고로 휠체어에 의지할 수밖에 없게 된 젊은이를 그리고 있다. 주인공은 간병인에게 이렇게 묻는다. "내게 미래가 있을까요?" 간병인은 그에게 이렇게 대답한다. "장대높이뛰기 선수로서는 희망이 없죠. 하지만 인간으로서는 충분히 있죠." 휠체어 신세를 지는 사람이 장대높이뛰기 선수를 꿈꾸는 것은 불가능할지 모르지만 '인간'으로서는 거의 무한대의 가능성이 있다는 메시지이다.

방황으로부터 배운 것

발이 닿는 대로 어딘가 떠나보자.
방황을 통해 많은 것을 배울 수 있고
내 곁에 있는 사람들이 얼마나 소중한 사람들인지 알게 된다.

-김용성의 《어느 거지소년의 운명을 바꾼 388가지의 낙서》 중에서-

세상에서 가장 귀한 보배로운 말
친구여

길을 떠나본 사람은 안다. 꼭 무언가를 손에 쥐게 되지 않아도 현실을 벗어난 것만으로 충분히 많은 것을 배우는 것이다. 떠나봐야 곁에 있는 사람들이 더욱 소중해지고 절실해지는 법이다.

눈물로 눈을 씻어내면

눈물을 흘려본 이는 인생을 아는 사람입니다.
살아가는 길의 험준하고 뜻있고 값진 피땀의 노력을
아는 사람이며,
고독한 영혼을 아는 사람이며,
이웃의 따사로운 손길을 아는 사람이며,
가녀린 사람끼리 기대고 의지하고 살아가는 삶의 모습을
귀하게 평가할 줄 아는 사람입니다.
눈물로 마음을 씻어낸 사람에게는 사랑이 그의 무기가 됩니다.
용서와 자비를 무기로 사용할 줄 압니다.
눈물로 씻어낸 눈에는 신의 존재가 어리비치웁니다.
강퍅하고 오만하고 교만스러운 눈에는
신(神)의 모습이 비쳐질 수 없지만,
길고 오랜 울음을 거두고, 모든 존재의 가치를 아는 눈에는
모든 목숨이 고귀하게 보이고,
모든 생명을 고귀하게 볼 줄 아는 눈은 이미 신의 눈이기 때문입니다.

- 유안진의 《그대 빈손에 이 작은 풀꽃을》 중에서 -

세상에서 가장 귀한 보배로운 말 친구여

눈물의 원인은 다양하다. 사람은 슬퍼도 울고 기뻐도 운다. 원통해서도 울지만 감동해도 운다. 이별하며 눈물을 흘리고 다시 만나 또 눈물짓는다. 눈물은 눈을 씻어내지간 결국은 마음을 씻어낸다. 눈물로 씻어낸 눈에서 신(神)의 모습을 본다는 구절이 가슴에 와 닿는다. 눈물 속에 인간의 모든 것이 담겨 있다.

봄비처럼 사람을 쑥쑥 키워주는 말

네 생각은 어때

"네 생각은 어때? 좀더 나은 방법이 없을까?"

물건을 정리하던 아버지는

고개를 갸우뚱하며 말씀하셨다

"그건 그 옆에 세워놓는 게 좋겠어요."

아버지는 얼른 옮겨놓고는 잠시 바라보았다

고개를 끄덕이며 흐뭇한 표정으로 돌아보는 아버지

당신의 그 따뜻한 시선이 저를 길렀습니다

마음의 자물쇠를 여는 법

자물쇠란, 도난을 방지하기 위하여
문이며 서랍이며 장농이며 금고 따위에 설치하는
방범 장치의 일종이다.
주인들은 대개 인간을 불신하고 자물쇠를 신뢰하지만
노련한 도둑을 만나면 무용지물이다.
그 자물쇠마저도 훔쳐 가버리기 때문이다.
인간들은 때론 마음의 문에까지 자물쇠를 채운다.
자물쇠를 채우고 스스로가 그 속에 갇힌다.
마음 안에 훔쳐 갈 만한 보물이
빈약한 인간일수록 자물쇠가 견고하다.
그러나 그 누구의 마음을 걸어 잠근 자물쇠라 하더라도
반드시 열 수 있는 방법이 있다.
그것은 사랑의 불길로 그 자물쇠를 녹여버리는 일이다.

- 이외수의 《감성사전》 중에서 -

> 봄비처럼 사람을 쑥쑥 키워주는 말
> 네 생각은 어때

사랑의 흩은 위대하다. 용광로보다 더 뜨겁다. 마음에 자물쇠를 채워둔 사람이 있다면 사랑의 힘으로 자물쇠를 녹여주도록 해야겠다.

올바른 사랑법

사랑에 빠졌다고 모두가 사랑은 아니다.
사랑 속에 나는 없고 상대만 있다면
사랑은 물론 삶 전체가 잘못될 수 있는 것이다.

- 양창순의 《표현하는 여자가 아름답다》 중에서 -

봄비처럼 사람을 쑥쑥 키워주는 말

네 생각은 어때

누군가와 사랑을 한다는 것은 서로의 많은 것들을 함께 하는 것이고 나누는 것이다. 두 사람이 하나가 되는 것이 사랑이지만, 그 안에는 하나가 된 둘이 공존하는 것이다. 자신을 사랑할 줄 아는 사람이 다른 사람도 사랑할 수 있다. 사랑하되 자기 자신을 잃어버리는 어리석음은 범하지 말자. 때론 사랑도 당당하게 요구할 수 있는 것이어야 한다.

인간의 이중성

이중성(二重性)이 있는 한
사람은 다른 것을 보며 다른 것을 들으며
다른 것을 냄새 맡으며 다른 것을 생각하며
다른 것에 대해서 알려고 한다.

-박석일의 《우파니샤드》 중에서 -

> 봄비처럼 사람을 쑥쑥 키워주는 말
>
> 네 생각은 어때

 '이중적'이라는 표현은 흔히 부정적인 의미로 쓰여진다. "그 사람 이중적이야." 하면 '그는 믿을 수 없는 사람'이라는 뜻이다. 그러나 《우파니샤드》가 말하는 '인간의 이중성'을 대하면서 '이중성'에 대한 또 다른 의미를 발견하게 된다. 인간은, 인생은 한 길로도 가지만 반드시 그렇지 않은 면도 많음을 깨닫게 된다. '다른 것'을 보고, 듣고, 냄새 맡고, 생각하고, 알려고 하면서 가는 것이 인생 아닌가. 다른 여자, 다른 직장, 다른 커피 맛을 찾기도 하는 것이 인간 아닌가. 그렇다면 인간에게는 본질적으로 이중적인 속성이 있는 것이다. '이중적'이라고 욕할 일만도 아니다. 《우파니샤드》는 인도의 가장 오랜 경전의 한 부분으로 비교(秘敎)라는 뜻이다. 인도에는 108종류의 《우파니샤드》가 보존되어 있다.

함께 울고 있어요

오늘 당신은 몹시 울고 있군요.
나와 모든 이들을 위해서 통곡하고 있군요.
그래요. 실컷 쏟아 버리세요.
눈물 비를 쏟아 버리세요. 세차게 아주 세차게.
당신이 울고 있는 날은 나도 일을 할 수가 없어요.
마음으로 함께 울고 있어요.

- 이해인의 《두레박》 중에서 -

> 봄비처럼 사람을 쑥쑥 키워주는 말
>
> 네 생각은 어때

눈물이 목울대를 넘어 콧잔등 밑에까지 솟구쳐 오를 때가 있다. 끝내 주체하지 못해 눈물이 콧잔등을 넘어 눈 밖으로 쏟아져 나오게 되면 홍수라도 이룰 것 같은 느낌이 들 때, 안간힘을 다해 목구멍 안으로 되삼키곤 했던 기억이 있다. 나는 좀처럼 울지 않는다. 다른 사람 앞에서는 더욱 그렇다. 그러다가도 영화를 보다가, 책을 읽다가 왈칵왈칵 눈들을 쏟아내곤 한다. 그때마다 '함께 울 수 있는 사람'의 존재를 생각해보곤 한다.

러셀은 왜 그토록 사랑을 찾아 헤매었나

나의 인생을 결정한 것은 세 가지 정열이었다.
그것은 사랑에 대한 갈망, 인식에 대한 열망,
그리고 인류의 고통에 대한 참을 수 없는 연민이었다.
특히 내가 사랑을 구하려고 애쓰는 것은
첫째, 사랑은 황홀경을 불러일으키기 때문이다.
사랑은 때때로 나의 전 생애까지 포기할 정도로
강렬한 황홀경을 만끽하게 해준다.
둘째, 사랑은 고독으로부터 나를 건져내준다.
사무치게 외로운 의식이 깊이를
알 수 없는 절벽의 아래를 내려다보는 것과 같은
경악스러운 고독에서 구해주는 것이다.
마지막으로 사랑을 통한 일치는
신비스러운 하늘의 조짐을 눈치챌 수 있도록 해준다.
때문에 나는 사랑을 얻으려고 그토록 고심했다.

- 강성률의 동서양 철학자 100인의 에피소드 모음(서양편)
《2500년 간의 고독과 자유》 중에서 -

봄비처럼 사람을 쑥쑥 키워주는 말

네 생각은 어때

자동차는 기름에 의해서 움직인다. 아궁이는 불쏘시개 장작이 있어야 달궈진다. 사람을 움직이게 하는 것은 무엇인가. 어떤 사람들은 '일에 대한 열정'이라고도 하고, 어떤 사람들은 '사랑'이라고도 한다. 신앙이 깊은 사람들은 '천국에 대한 믿음'이라고 말한다. 사업가들은 '돈' 때문이라고 하고, 정치가들은 '권력의지'라고도 할 것이다. 그리고 더러는 '책임감'을 드는 사람도 있을 것이다. 일에 대한 열정도, 특별한 사랑도 믿음도, 권력의지도 없지만 아버지로서, 어머니로서, 직업인으로서 최소한의 책임을 지기 위해 움직인다고 생각하는 사람도 없지 않을 것이다. 내가 왜 이 길을 가고 있는가, 내가 오늘 왜 이 일을 하고 있는가, 내 인생의 목표는 무엇이며 내 인생의 운명을 결정짓는 핵심적인 동인(動因)은 무엇인가. 이런 물음을 놓고 잠시라도 생각을 해본 사람이라면 러셀의 '사랑에 대한 갈망'에서 많은 시사점을 얻을 수 있을 것이다.

살아간다는 것

우리는 어떻게 살아야 하는가를 배우기 위하여
함께 여행을 하고 있는 중이다.
왜?
왜냐하면 삶의 목적은 살아가는 데 있기 때문이다.
우리가 할 수 있는
가장 중요한 행위는 살아가는 것 바로 그것이다.
삶은 성스러운 것이며 살아간다는 것은 우리 자신으로부터
혼돈 무질서 방관적 상태의 어두움을 제거하려는 것이라고
이해하는 일이 가장 좋은 방법이다.

- 비마라 타카르의 《삶과 산다는 것》 중에서 -

네 생각은 어때

봄비처럼 사람을 쑥쑥 키워주는 말

삶의 목적은 무엇인가. 나는 왜 사는 것인가. 누구와 한번쯤, 어쩔 수 없이 생각해보는 명제다. 그 대답은 의외로 간단하다. '살아가는 것' 그 자체가 목적이라는 것이다. 그 목표를 향해 여행 중인 것이 인생이라는 것이다. 다만, 그 여행은 '어떻게 살아가는가'를 배우기 위한 것이라고 하니, 인간의 숙제는 결국 '어떻게 사는가'에 있는 셈이다. 이 책은 지은이가 1982년 여름 인도 달하우스에서 세계 여러 나라에서 참여한 젊은이에게 강연한 내용을 모은 것이다. 지은이 비마라 타카르에 대한 자세한 기록은 알 수 없다. 그러나 그것이 중요한 일은 아니라고 생각한다. 인도 사상적 전통에 의하면 진리란 누구의 입에서 나왔든간에 실제로는 절대자의 음성이고 참된 자아의 외침이기 때문이다.

누구나 스승

현인을 보면 그와 같이 될 것을 생각하고,
현명하지 못한 사람을 보면
안으로 스스로를 돌이켜 살펴야 할 것이다.

- 《논어》 중에서 -

네 생각은 어때

봄비처럼 사람을 쑥쑥 키워주는 말

고전을 읽으면 마음이 편안해진다. 그 이유는 무엇일까? 아무리 문명이 발전해도 사람 사이에서 벌어지는 일은 끊임없이 반복되고 있기 때문에 그때마다 읽는 사람에게 새로운 느낌과 교훈으로 다가온다. '반면(反面)교사'라는 말이 있다. "저 사람처럼 해서는 안 되겠다"고 배우게 하는 사람이라는 뜻이다. 내가 남에게 현인으로 자리매김되느냐, 반면교사가 되느냐는 전적으로 자신에게 달려 있다.

어느 쪽을 보느냐

세상을 밝게 보는 사람도 있고 어둡게 보는 사람도 있다.
빛과 어둠이 다르듯이 서로 다르긴 하지만,
각자의 관점에서 보면 둘 다 옳다.
그러나 세상을 보는 관점에 따라 즐거운 삶과 고통에 찬 삶,
성공적인 인생과 실패의 인생이 결정된다.
따라서 행복은 자기 안에서 찾아야 하는 것이다.

- 랄프 트라인의 《행복은 내 마음속에 있다》 중에서 -

> 봄비처럼 사람을 쑥쑥 키워주는 말
>
> 네 생각은 어때

항상 어두운 사람이 있다. 그런가 하면 항상 밝은 얼굴로 다가오는 사람도 있다. 아침 이슬도 뱀이 먹으면 독이 되고, 사슴이 먹으면 녹용이 된다고 하지 않는가. 나는 어떤 그릇인가? 아침이슬이 나라는 그릇에 담기면 독이 되는가, 녹용이 되는가. 나는 밝은 쪽으로 향하고 있나, 어두운 쪽으로 향하고 있나. 아! 행복은 바로 자기 안에 있는 것이구나.

백합 같은 만남

두 사람이 만날 때는 물가에 나란히 핀 백합과 같아야 합니다.
봉오리를 오무리지 않은 채, 금빛 수술을 온통 드러내 보여주는,
호수를, 나무를, 하늘을 비추어내는 두 송이의 백합처럼.
닫힌 마음들이 너무나 많습니다.
내가 당신에게 다가갔을 때
우리는 몇 시간이나 이야기를 나누었습니다.
그대의 시간을 그토록 오래 차지하기 위해
무엇보다도 나는 당신을 향해 열려 있어야 합니다.
그리고 그대에게
드리는 것이 거짓 없는
'나 자신'이 아니면 결코 안 됩니다.

- 정은하가 엮은 《보여줄 수 있는 사랑은 아주 작습니다》 중에서 -

> 봄비처럼 사람을 쑥쑥 키워주는 말
>
> 네 생각은 어때

마음을 닫은 채로 사랑을, 사람을 얻을 수는 없다. 마음을 열어야 상대방의 마음이 내 안에 들어올 수 있다. 어느 한쪽만 마음을 열어서도 안 된다. 물가에 나란이 핀 꽃들처럼 함께 마음을 열어야 한다. 마음을 열고 '당신'에게 다가가자.

사랑론

모습을 드러낸 감옥은 감옥이 아니듯
마음을 드러낸 사랑은 사랑이 아니다.
내 사랑은
저문 강가에 떠도는 잔잔한 슬픔
내 꿈의 하늘에 떠 있는 별이다.

- 송시현의 《사랑을 아는 너는 눈부시다》 중에서 -

> 봄비처럼 사람을 쑥쑥 키워주는 말
> 네 생각은 어때

사랑하는 또 하나의 방법을 제시해주는 어록이다. 흔히 사랑은 '표현하는 것'이라고 한다. 하루에도 몇 차례씩 전화하고, 사랑한다고 말해주고, 안아주고, 보듬어주고, 감싸주는 것이 사랑이라고 한다. 맞다. 사랑의 표현은 할 수 있는 한 열심히 해야 한다. 그러나 사랑하는 마음은 겉으로 표현되는 것에만 있지 않다. 마음속 깊은 곳에서 갈고 닦아져야 한다. 애틋하고, 그립고, 아련한 존재에 대해 현결같은 마음으로 요동됨이 없으려면 마음 깊은 곳을 갈고 닦아야 한다. 어떠한 어려움에도 흔들리지 않도록.

스스로 살아가는 것

인간의 삶이란 본을 떠놓은 대로 반복되는 게 아니다.
다시 말해 각 개인은 누군가에 의해
자신의 삶을 강요당하는 게 아니라
스스로 살아가는 것이다.
인간만이 유일하게 기분을 상할 수도, 언짢아질 수도,
혹은 낙원으로부터 추방당했다고 느낄 수도 있는 동물이다.

- 에리히 프롬의 《도덕과 정신분석》 중에서 -

> 봄비처럼 사람을 쑥쑥 키워주는 말
>
> 네 생각은 어때

모든 사람의 인생이 같을 수는 없다. 얼굴이 다르듯 나름의 삶이 있게 마련이다. 그리고 우리는 매순간 스스로 결정한 길을 따라 살아간다. 중요한 것은 어떤 느낌으로 사느냐이다. 내가 진정 행복하다고 느껴지는 순간, 바로 그 순간을 찾아 자기의 삶으로 만드는 사람이 아름다운 것이다.

절제와 금기의 차이

절제는 즐거움을 낳는다.
금기는 그렇지 못하다.
그래서 금기를 지키는 사람이 절제하는 사람보다 많은 것이다.

- 리첸베르의 《금언들》 중에서 -

> 봄비처럼 사람을 쑥쑥 키워주는 말
> 네 생각은 어때

'하지 않는 즐거움'이 있다. 내가 그것을 하지 않음으로써 스스로 누리게 되는 즐거움이다. 반면 '하지 않는 고통'이 있다. 내가 그것을 하지 않음으로써 겪게 되는 고통이다. 이것이 절제와 금기의 차이다. 그런데 대부분의 사람들은 금기를 택한다. 하지 않는 고통을 당하는데도 말이다. 희한한 일이다.

좌절을 경험한 사람

좌절을 경험한 사람은 자신만의 역사를 갖게 된다.
그리고 인생을 통찰할 수 있는 지혜를 얻는 길로 들어선다.
강을 거슬러 헤엄치는 사람만이 물결의 세기를 알 수 있다.

- 쇼펜하우어의 《희망에 대하여》 중에서 -

> 봄비처럼 사람을 쑥쑥 키워주는 말
> 네 생각은 어때

링컨은 미국의 대통령이 되기 전까지 수많은 좌절을 경험했다. 베이브 루스는 그가 친 홈런의 두 배만큼 삼진 아웃을 당했다. 빛나는 성공의 밑바탕에는 무수한 실패와 좌절이 놓여 있다. 중요한 것은 실패를 냉철히 분석하고 그 속에 반드시 숨어 있게 마련인 성공의 씨앗을 찾아내는 일이다.

17년 동안 저능아로 살았던 천재

빅터 세리브리아코프라는 저능아는 15살 때 선생님이
"너 같은 저능아는 공부해도 소용없어! 장사나 배워." 하고
구박을 준 후 17년 동안 저능아로서 살아갑니다.
서른두 살이 되었을 때 우연히
자기 IQ가 161이라는 사실을 알게 됩니다.
그후 그는 천재처럼 행동하기 시작합니다.
많은 책을 썼고, 특허를 냈고, 기업가가 됩니다.
그리고 IQ 132 이상의 사람만이 가입할 수 있는
맨사(Mensa)클럽의 회장이 되기도 합니다.

- 지그 지글러의 《정상에서 만납시다》 중에서 -

봄비처럼 사람을 쑥쑥 키워주는 말

네 생각은 어때

나는 이 글을 읽으면서 교육의 중요성을 통감했다. 그리고 교육이란 이름으로 저질러지는 폭력에 대해 생각했다. 그 폭력에 무참히 짓밟혔을 아이들이 적지 않았을 텐데 말이다. 교육뿐만이 아니다. 언론도, 정치도 마찬가지다. 천재도 거능아로 만드는 일들이 비일비재하다. 글과 말이 직업인 사람들은 말 한마디, 글 한줄이 얼마나 엄청난 결과를 초래하는지를 염두에 두고 활동해야 한다.

사랑에 취하다

세상의 어떤 술에도 나는 더 이상 취하지 않는다.
당신이 부어준 그 술에
나는 이미
취해 있기에….

- 류시화의 《외눈박이 물고기의 사랑》 중에서 -

봄비처럼 사람을 쑥쑥 키워주는 말 네 생각은 어때

사랑에 취하는 것에 견줄 것은 없을 것이다. 단 한 번이라도 좋으니 취할 만큼 독한 사랑을 하고 싶다는 사람도 적지 않을 것이다. 이 세상의 어떤 술에도 취하지 않을 만큼 이미 사랑에 취해 있는 상태가 꿈단 같다. 그런 사랑이라면 나도 한번 거나하게 취해보고 싶어진다.

기분대로 사는 게 아니오!

자신의 기분을 표현하는 것은
억눌린 자신을 자유롭게 하는 일입니다.
그러나 자신의 기분을 표현하는 것이
나 아닌 다른 이를
억눌리게 해서는 안 됩니다.
자신의 기분에 솔직한 것만이
능사가 아니지요.
상대에게 함부로 말하는 말이
폭력이 될 수도 있지요.

- 정채봉의 《단 하나뿐인 당신에게》 중에서 -

> 봄비처럼 사람을 쑥쑥 키워주는 말
>
> 네 생각은 어때

'기분파'가 매력적일 수 있다. 솔직하고, 거침 없고, 화통해서 주변의 인기를 모을 수 있다. 그렇다고 해서 자신의 기분에 너무 솔직한 것만이 능사는 아니다. 자기는 자기 기분대로, 느낌대로, 솔직하게 내뱉은 한마디에 상대방은 큰 상처를 받을 수도 있다. 자기 기분대로 솔직하게 살되 상대방을 배려할 줄 아는 마음이 필요하다.

진정한 창의력

진정한 창의력이란,
집중적인 관심과 노력을 통해 내부로부터 차츰 성장하다가
어느 날 갑자기 떡두꺼비처럼 '응애' 하면서 튀어나오는
신생아 같은 것이다.

- 정문술의 《왜 벌써 절망합니까》 중에서 -

> 봄비처럼 사람을 쑥쑥 키워주는 말
>
> 네 생각은 어때

창의력이란 천재들의 전유물이 아니다. 99%의 노력과 1%의 영감이 어우러져 '기발한 아이디어'가 탄생한다. 힘든 연구일수록 지치기 쉽고, 포기하고픈 때가 많다. 이럴 때야말로 '1%의 영감이 터질 때가 되었다'고 생각하고 다시 분발할 필요가 있다. 정문술 씨의 말대로 "아이디어도 끈기"이니까.

삶의 봄

자연의 봄은 어김없이 오지만,
삶의 봄은 만들어야 오는 것입니다.

- 《세상사는 이야기》 중에서 -

> 봄비처럼 사람을 쑥쑥 키워주는 말
> 네 생각은 어때

어떤 것이든 노력없이 저절로 이루어지는 것은 없다. 더더욱 이 세상을 살아가는 데 있어서 공짜란 없는 법이다. 삶에 있어 활짝 피어나는 봄을 맞고 싶은 사람이라면 자신을 믿고 다시 한 번 노력해보시라.

언제이든 온 날들을
새로워지게 하는 말
첫 마음으로 살아가자

대학시절, 첫 크리스마스 때

'초심(初心)'이라 적은 카드를

보내주신 은사가 계셨다

그리고 그 다음해 크리스마스 때엔

'항심(恒心)'이라고 쓴 카드를 보내주셨다

"무슨 일이든 초심 곧 첫 마음을 가지고 임하고,

또 항심 곧 늘 한결같은 마음으로 살라"는 당부였다

나는 지금도 이 은사의 말씀을 마음에 새기며 산다

어른다운 어른

인간에게는 마치 홍역을 치르듯이 치러야 하는 것들이 많다.
그 중에 슬퍼하는 것도 절망스러워 하는 것도
어느 만큼씩은 겪어야 하는 것 같다.
그런 것들을 겪어야 온전한 인간으로 인정받을 수 있다면
굳이 마음 아파 할 필요가 있겠는가.
오히려 그런 기회를 통해 어른다운 어른이 되어 가는 것으로,
더 탄탄하게 배짱 있는 인간으로 성장한다고 믿자.

- 김종윤의 《슬픈 어머니》 중에서 -

> 언제이든 온 날들을 새로워지게 하는 말
> 첫 마음으로 살아가자

어른이 되었다는 것은 그만큼 많은 고통을 겪었다는 얘기이기도 하다. 고통을 제대로 겪은 사람만이 어른다운 어른이 된다. 그 고통이 흙이 되고 물이 되며 내 삶을 일구는 터전이 될 것이다.

사랑의 노래

나는 사슴이고, 너는 작은 노루
너는 새, 나는 나무
너는 태양, 나는 달
너는 대낮, 나는 꿈
밤이 되면 잠든 나의 입에서
금빛의 한 마리 새가 너를 향해 날아간다.
그 소리는 맑고 날갯짓은 아름답다.
오, 사랑의 노래 나의 노래!

- 헤르만 헤세의 《나는 너에게 와서 별이 되었다》 중에서 -

> 언제이든 온 날들을
> 새로워지게 하는 말
> 첫 마음으로 살아가자

사랑이란 무엇인가. 네가 있음으로 내가 있고, 내가 있음으로 네가 있다는 것 아니겠는가. 아내로부터 헤르만 헤세의 시집을 선물받고 맨먼저 눈에 들어왔던 시가 이 '사랑의 노래' 였다.

망하게 만드는 세 가지 유혹

사람의 미혹(迷惑)에 세 가지가 있으니,
식색(食色)에 혹하면 집안을 망치고,
이권(利權)에 혹하면 나라를 망치고,
도술(道術)에 혹하면 천하를 망친다.

- 민성사의 《세계의 명언 해설》 중에서 -

첫 마음으로 살아가자

언제이든 온 날들을 새로워지게 하는 말

조선시대 북학파 거두였던 홍대용(洪大容:1731~1783)의 말이다. 무엇이 개인과 사회와 국가를 망쳐놓는가를 일깨워준다. 식색이나 이권도 문제지만 도술은 정말 부질없는 일이다. 그런데도 우리 주변에서는 이에 혹하는 부류가 적지 않다. 많은 정치권 사람들이 그렇고 경제계 인사들도 그렇다. 그런 것만을 놓고 보면 우리는 지금 망하는 길로 가고 있다. 그럼에도 불구하고 아직 망하지 않은 것은 어떤 연유일까. 아직도 우리 사회엔 그런 유혹에 빠지지 않는 사람들이 그런 사람보다 많다는 증거일 것이다.

물처럼 낮은 곳을 향하여

최고의 선은 물과 같다.
물은 만물을 이롭게 할 뿐 결코 다투지 않는다.
그것은 모든 것이 싫어하는 낮은 곳에 처한다.
그래서 물은 도(道)에 가깝다.

-노자의 《도덕경》 중에서 -

언제이든 온 날들을 새로워지게 하는 말
첫 마음으로 살아가자

물에 대한 비유는 많다. '물태우'는 우유부단함의 대명사가 되었다. "물을 먹었다"는 말은 출세가도에서 일단 비켜났다는 뜻이다. 모두 부정적인 의미들이다. 그러나 물의 본질적 의미는 보다 더 철학적이고 심층적이다. 물처럼 사는 것, 그것은 남과 다투지 않고, 늘 낮은 곳을 향해 흐르며, 그래서 결국은 최고의 선(善)을 이루는 삶이다. 참으로 실행하기 어려운 것이지만 '삶의 목표'로 삼을 수 있는 뜻이 물에 담겨 있다.

덕을 갖춘 사람은 외롭지 않다

덕을 갖춘 사람은 외롭지 아니하니,
반드시 뜻을 같이 하고 따르는 사람이 있게 마련이다.

- 《논어》 중에서 -

첫 마음으로 살아가자
언제이든 온 날들을 새로워지게 하는 말

사람이 살아가는 방식에는 여러 유형이 있다. 평생을 속임수로 살아가는 사람도 있고, 돈이나 권력만 있으면 모든 것이 가능하다고 믿어 돈과 권력에 인생의 목표를 걸고 사는 사람도 있다. 어떻게 살아가는 것이 자기 인생을 외롭지 않게 하는 것일까. 《논어》는 이에 대한 해답으로 덕(德)을 제시하고 있다. 덕을 갖춘 사람은 외롭지 않다는 것이다. 그렇다면 덕을 갖춘다는 것은 무엇일까. 어려울 게 없다. 남을 먼저 생각하는 것이다. 나를 죽이고 남의 입장에서 사고하고 행동하는 것이다.

진정한 쉴 곳

자공이 배움에 싫증이 나서 공자에게 말했다.
"쉴 곳이 있었으면 합니다."
공자가 말했다.
"삶에는 쉴 곳이 없는 법이니라."
자공이 말했다.
"그렇다면 제게는 쉴 곳이 있을 수 없단 말입니까?"
공자가 말했다.
"저기 있구나. 저 무덤을 보아라.
불룩하고 우뚝하며 봉곳하게 솟아오른 것이
네가 쉴 곳임을 알 수 있지 않느냐."
"죽음이란 참으로 위대한 것이로군요!
군자는 거기에서 휴식을 취하고
소인은 굴복을 하니 말입니다."

- 《열자》 중에서 -

> 언제이든 온 날들을
> 새로워지게 하는 말
>
> 첫 마음으로 살아가자

《열자》는 《노자》, 《장자》와 함께 도가의 삼서로 꼽히는 책이다. 딱딱한 논리보다는 비유적인 우화나 여러 가지 비유를 들어가며 무위자연(無爲自然)의 도가학설을 쉽게 해설해 놓았다. 죽음을 대하는 사람들의 태도는 천차만별이다. "군자는 죽음을 통해서 진정한 휴식을 취하고, 소인은 죽음 앞에 굴복한다"는 메시지는 비단 '죽음'에만 해당되는 어록이 아닐 것이다.

아름다운 죽음을 위하여

세상은 우리에게 더 이상 선물을 안겨 주지 않고
종종 난폭함과 불안만 있는 것처럼 보이지만
풀과 나무는 여전히 자라난다.
언젠가 땅이 모두 시멘트로 덮여버린다 해도
조각구름은 여전히 오락가락 할테고
이곳저곳에서 인간들은 예술의 도움을 받아
성스러운 것으로 향하는 문은 열어두고 있을 것이다.

- 헤르만 헤세의 《아름다운 죽음에 관한 사색》 중에서 -

> 언제이든 온 날들을
> 새로워지게 하는 말
> 첫 마음으로 살아가자

나의 존재가 없어진다고 해서 세상이 영향을 받는 것은 아니다. 자연은 자연의 순리대로 변할 것이고 인간은 끊임없이 생과 사를 통해 변할 것이기 때문이다. 이 글을 읽고 있으면 죽음에 대해 한 번쯤 생각할 수 있는 여유가 생긴다.

죄의 근원

죄의 근원은 자아입니다.
모든 죄악은 자아로부터 솟아나옵니다.
시기, 샘, 질투의 근원도 자아요,
갈망과 집착과 애욕과 고뇌의 근원도 자아입니다.
비교하고 차별하여 열등의식에 빠지고
미워하고 질시하여 죽이는 것도
모두 자아의 작용입니다.

- 스와미 크리슈나 아난의 《자유명상》 중에서 -

> 언제이든 온 날들을 새로워지게 하는 말
> **첫 마음으로 살아가자**

죄의 근원만 자아(自我)인 것이 아니다. 행복의 근원도 자아이다. 자기 마음을 어디에 두고, 어떻게 생각하느냐에 따라 죄도, 행복도 갈린다. 그러므로 세상의 모든 일은 궁극적으로 '자기의 문제'이다. 시작도 끝도 결국 자기 문제이고, 자기 책임이다.

자기의 마음속

선한 마음도 나쁜 버릇도 모두 자기의 마음속에 있다.
어떻게든 실제로 행동하는 것은
ㄴ자기 속에 간직된 능력 때문이며,
그렇게 하지 않는 것도 자기의 능력 때문이다.
뭔가를 하고 안 하고는 자기의 가능성이다.
아름답게 느껴지는 행동도, 부끄럽게 여겨지는 행동도
자기 속에 있는 것이다.
부끄러운 일을 하지 않는 것도 자기 능력의 문제이다.

- 아리스토텔레스의 《니코마코를 위한 도덕》 중에서 -

언제이든 온 날들을
새로워지게 하는 말
첫 마음으로 살아가자

사실 대부분의 사람들은 선악을 분별할 줄 안다. 문제는 그 판단대로 행동하느냐이다. 옳다고 느낀 일을 모두 할 수 있는 건 아니다. 하지만 적어도 부끄러운 일이라고 느껴지는 일이라면 하지 않아야 한다. 살다 보면 물론 이런 저런 잘못을 저지르기도 한다. 젊은 시절에는 더더욱 그렇다. 그러나 잘못한 일을 했더라도 진정으로 반성한다면, 그것은 이미 잘못된 일이 아니다. 반성은 모든 사람이 입을 수 있는 새옷과 같다. 다만 입으려는 사람만이 입을 수 있는 옷이다.

우연과 필연

만약에 나에게는 유익하나
나의 가족에게 해가 된다는 것을 안다면
난 그것을 내 영혼에서 추방해버릴 것이다.
만약 나의 가족에게는 유익하나
나의 조국에는 그렇지 않을 경우
난 잊으려고 노력할 것이다.
만약에 나의 조국을 위해서는 유익하나
인간을 위해서는 해가 된다면
난 그것을 범죄로 간주할 것이다.
왜냐하면 내가 프랑스인이 된 것은 단지 우연이지만
인간이라는 것은 필연적이기 때문이다.

- 몽테스키외의 《명상록》 중에서 -

> 언제이든 온 날들을 새로워지게 하는 말
> 첫 마음으로 살아가자

몽테스키외는 프랑스 계몽주의 사상가로서 《법의 정신》을 통해 삼권분립의 기초를 마련했다. 오늘날 민주주의의 초석이 된 그의 사상의 밑바닥엔 사람이 있었다. 인간에 대한 예의와 한없는 애정이 있었다. 민주주의란 사람이 지키는 것이 아니라 사람을 위해 만들어가는 것이다.

삶에 대한 태도

꼭 바꾸어야 할 것은 삶에 대한 자신의 태도이건만,
많은 사람들이 자신의 삶 자체가 바뀌기를 바란다.

- 작자미상 -

첫 마음으로 살아가자
언제이든 온 날들을 새로워지게 하는 말

이 글은 〈십대들의 쪽지〉라는, 청소년을 위해 무료로 배포된 소책자에서 발견한 것이다. 인간은 누구나 새로운 변화를 꿈꾼다. 그 변화는 두말할 것도 없이 발전적인 것이어야 한다. 그 변화는 남이 가져다주는 것이 아니다. 어느 날 갑자기 하늘에서 뚝 떨어지는 것도 아니다. '발전적인 변화'를 가능하게 하려면 먼저 자기 자신부터 변화시켜야 한다. 삶에 대한 자신의 태도를 '발전적'으로 바꾸어나갈 때 긍정적인 새로운 변화가 현실화될 수 있다.

늙어가는 아내에게

사랑이란 별다른 것이 아니라
그 사람과 함께 늙어가고 싶은 것이다.

- 레마르크의 어록 -

> 언제이든 온 날들을
> 새로워지게 하는 말
>
> 첫 마음으로 살아가자

동감이 가는 말이다. 우리나라에도 이와 비슷한 어록(시)이 있다.

황지우 시인은 〈늙어가는 아내에게〉에서 이렇게 읊었다.

"이제는 세월이라고 불러도 될 기간을 우리는 함께 통과했다.

살았다는 말이 온갖 경력의 주름을 늘리는 일이듯

세월은 넥타이를 여며주는 그대 손끝에 역력하다.

이제 내가 할 일은 아침 머리맡에 떨어진 그대 머리카락을

침묻힌 손으로 짚어내는 일이 아니라

그대와 더불어, 최선을 다해 늙는 일이리라.

우리가 그렇게 잘 늙은 다음

힘없는 소리로, "임자, 우리 괜찮았지?"라고

말할 수 있을 때, 그때나 가서

그대를 사랑한다는 말은 그때나 가서

할 수 있는 말일 거야."

내가 좋아하는, 그래서 마음에 늘 담아놓고 있는 시구이다.

특별한 사람, 특별한 관계

지금 눈앞의 저 낯 모르는 사람이 피를 콸콸 쏟는다 해도
몇 분 후면 나는 다른 곳으로 시선을 돌릴 것이다.
그러나 만약 어떤 계기로 그를 사랑하게 되면,
모든 것은 달라진다.
그가 고개만 조금 숙여도 내 가슴은 미어질 것이며
그의 시선이 가는 방향에 따라
행복해지기도 하고 불행해지기도 할 것이다.
특별한 사람이란 없다.
관계에 의해서 특별해질 뿐이다.

- 은희경의 〈너는 그 강을 어떻게 건넜는가〉 중에서 -

> 언제이든 온 날들을
> 새로워지게 하는 말
> 첫 마음으로 살아가자

나는 은희경의 소설을 읽으며 사랑이란 '관계'임을 새삼 깨우쳤다. 관계는 만남을 통해서 시작된다. 사랑은 또 다른 세계와의 만남, 세상을 바라보는 관점과의 만남이다. 나아가 그가 보여주는 세계를 느끼고 그의 눈으로 세상을 본다는 것이다.

가끔은 시장기 같은 외로움이 필요하다

사실 혼자 사는 사람들만 외로움을 느끼는 것은 아니다.
세상 사람 누구나 자기 그림자를 이끌고 살아가고 있으며,
자기 그림자를 되돌아보면 다 외롭기 마련이다.
외로움을 느끼지 못한다면 그는 무딘 사람이다.
물론 너무 외로움에 젖어 있어도 문제지만
때로는 옆구리께를 스쳐 가는 외로움 같은 것을 통해서
자기 정화, 자기 삶을 맑힐 수가 있다.
따라서 가끔은 시장기 같은 외로움을 느껴야 한다.

- 법정 스님, 류시화 엮음 《산에는 꽃이 피네》 중에서 -

> 언제이든 온 날들을
> 새로워지게 하는 말
> 첫 마음으로 살아가자

외롭다는 말을 들으면 사람들은 사랑을 하라고 권한다. 그러나 사랑한다고 해서 외롭지 않은 것은 아니다. 외로움이란 그림자처럼 늘 곁에 머무르고 있는 것이다. 그래서 외로움까지도 사랑하며 보듬을 수 있어야만 한다.

연애할 때와 결혼했을 때

사람은 누군가를 사랑하면서도
늘 그보다 더 사랑받지 못해 안달한다.
연애와 결혼의 차이는 연애할 때는 뭐든 주고 싶어하지만
결혼하고 나면 받기만 하려는 것이다.
그래서 갈등도 생겨난다는 것이다.
그러나 강아지와 같은 동물은 결코 자기가 주는 만큼
사랑받으려고 하지 않는다.
자기가 좋아하고 따르는 사람을 위해
무조건적인 애정을 보일 뿐이다.

- 양창순의 《사랑을 느낄 때 던져야 할 질문들》 중에서 -

언제이든 온 날들을 새로워지게 하는 말
첫 마음으로 살아가자

주는 것과 받는 것은 사랑하는 관계에 있어 영원한 관심사다. 그러나 주었나, 받았나를 계산하기 시작한다면 그 사랑은 금이 가기가 쉽다. 항상 연애하는 마음으로 살자. 뭐든지 무조건 주고 싶어하는 마음을 평생 간직하면서 살아가자.

공포는 왜 생기나

한 곳을 너무 오래 보지 마라.
군대 시절, 보초근무 수칙 가운데 그런 게 있었다.
어스름이 깔릴 무렵이나 한밤중
한 곳을 계속 지켜보면, 뭐든지 사람으로 변해버린다.
날이 밝은 뒤에 보면
그저 무심하게 제 생명을 길어올리는 나무거나
조금 열린 창일 뿐이다.
그걸 알고 나서도, 다음번 보초를 설 땐 자꾸 그리로 눈길이 가고
뚫어져라 바라보면 또다시 사람으로 보인다.
공포는 제 마음이 만들어낸 헛것이었다.

- 이혜경의 《길위의 집》 중에서 -

> 언제이든 온 날들을
> 새로워지게 하는 말
> 첫 마음으로 살아가자

나에게도 어렸을 적에 비슷한 경험이 있다. 한밤중에 천장을 보니 사람 그림자 같은 것이 자꾸 보여 겁을 먹었던 경험이다. 나중에 알고 보니 길가의 전봇대에 비친 그림자였다. 나는 헛것을 본 셈이다. 누구나 자신이 만들어내는 공포가 있는가 보다. 이제 마음에서부터 헛것을 만들어내지 말아야겠다.

행운을 잡아라

애야, 나는 운 좋은 인생을 살았단다.
네 인생도 그랬으면 좋겠구나.
행운이라는 것은 재능만큼이나 중요하단다.
너무 많은 것을 하려고 하지 말아라.
조용하고 일상적인 일을 즐기는 법을 배워야 한다.

- 리브 울만 엮음, 《세계 지성 28인의 편지》 중에서 -

> 언제이든 온 날들을
> 새로워지게 하는 말
> 첫 마음으로 살아가자

능력대로만 살아지는 인생은 없다. 그런다면야 능력만 갈고 닦을 일이다. 그래서 사람들은 행운이라는 정체불명의 존재를 기다리며 살아간다. 그러나 공짜란 없는 법, 행운 뒤에 숨겨진 부단한 노력이야말로 행운을 부르는 주문이다.